LIDERANÇA
para um mundo melhor

André Luiz da Silva

Dalai-Lama
e Laurens van den Muyzenberg

LIDERANÇA para um mundo melhor

SEXTANTE

Publicado originalmente por Nicholas Brealey Publishing, Londres, 2008.

Publicado em acordo com Nicholas Brealey Publishing, Londres e Boston.

tradução: Lucia Ribeiro da Silva
preparo de originais: Rachel Agavino
revisão: Ana Grillo, Hermínia Totti e José Tedin
projeto gráfico e diagramação: Marcia Raed
capa: Miriam Lerner
impressão e acabamento: Lis Gráfica e Editora Ltda.

CIP-BRASIL. CATALOGAÇÃO-NA-FONTE
SINDICATO NACIONAL DOS EDITORES DE LIVROS, RJ

D138l

Dalai-Lama, 1935-
Liderança para um mundo melhor/Sua Santidade, o Dalai-Lama & Laurens van den Muyzenberg [tradução de Lucia Ribeiro da Silva]. Rio de Janeiro: Sextante, 2009.
il.

Tradução de: The leader's way
ISBN 978-85-7542-512-1

1. Liderança. 2. Administração. I. Muyzenberg, Laurens van den. II. Título.

CDD: 658.4092
09-4114 CDU: 005.316:46

GMT Editores Ltda.
Rua Voluntários da Pátria, 45/1.404 – Botafogo
22270-000 – Rio de Janeiro – RJ
Tel.: (21) 2286-9944 – Fax: (21) 2286-9244
E-mail: atendimento@esextante.com.br
www.sextante.com.br

SUMÁRIO

INTRODUÇÃO

Sua Santidade, o Dalai-Lama

Em geral, os monges budistas ficam meio isolados do resto da sociedade, pacificamente recolhidos, orando por nosso planeta e pelo bem-estar de todos os seres sencientes. Embora eu seja um desses monges, também tenho as responsabilidades do governo tibetano no exílio, o que me proporciona uma perspectiva mais ampla, uma vez que lido com gente do mundo inteiro. Durante minhas viagens conheci muitos tipos diferentes de pessoas, algumas pobres, outras ricas, cada qual ocupando sua posição no mundo. As pessoas parecem confiar em mim e, por isso, muitas me falam de sua vida e de suas esperanças e apreensões em relação ao futuro. Foi assim que aprendi bastante sobre o que elas procuram. No final das contas, o que quase todos buscam é um pouco de felicidade.

Por que escrevo este livro agora? Porque acho que todos deveríamos nos preocupar e assumir a responsabilidade pelo funcionamento da economia global, bem como nos interessar pelo papel das empresas na configuração de nossa interligação. Os tempos mudaram, e creio que os líderes das tradições religiosas – com sua capacidade de ter uma visão ampla – devem participar de discussões sobre os negócios e a economia globais. Nosso mundo enfrenta problemas muito graves. Os que me interessam em particular são as formas de aliviar a miséria nos países pobres; o fato de que até nos países ricos o sentimento de satisfação com a vida anda estagnado desde 1950; o impacto negativo sobre o meio ambiente causado pela negligência, por nossa população cada vez maior e pela elevação do padrão de vida; e, finalmente, a ausência de paz em muitas partes do planeta.

Por adotar uma postura racional e lógica perante tais problemas, a abordagem budista muitas vezes é de mais fácil compreensão para os não religiosos. Ela enfatiza os valores humanos e como podemos adotar uma atitude holística para solucionar os problemas da sociedade. Esta é uma contribuição importante que o budismo pode fazer para tais discussões. Se considerarmos seus ensinamentos em termos da ética laica e dos valores humanos fundamentais, talvez eles também tenham algo com que contribuir para o mundo empresarial. Os conceitos budistas sobre riqueza, trabalho, consumo e felicidade são um pouco diferentes de seus equivalentes ocidentais. A felicidade não é apenas a mera satisfação de nossos desejos materiais e de outra ordem, e esta é uma distinção importante. A raiz da felicidade não está naquilo que desejamos nem no que obtemos, mas em algo muito diferente. Provém de um lugar de contentamento que existe independentemente do que ganhamos ou realizamos.

Buda reconhecia que os impulsos orientados para o próprio eu eram muito poderosos. Mas chegou à conclusão de que era impossível satisfazer os desejos pessoais, que constituem um ciclo interminável. As pessoas não podem ser verdadeiramente felizes se não tiverem amizades e boas relações – que são recíprocas. É impossível alguém construir relações positivas quando seu único objetivo é satisfazer os próprios desejos. Acredito que governos e organizações entram nessa equação por colocarem as pessoas em contato umas com as outras; eles geram empregos e riqueza e têm um papel importantíssimo a desempenhar nas questões do padrão de vida e da felicidade humana – e nos pontos em que essas duas coisas se cruzam.

Não estou dizendo que as soluções de que precisamos são simples ou diretas. Ao trabalhar neste livro, compreendi como pode ser difícil, para as pessoas do mundo empresarial, tomar as decisões corretas. Quando o diretor de uma empresa faz uma escolha, ela afeta todos os funcionários, além de um número incalculável de pessoas, sejam consumidores ou fornecedores. Isso se torna especialmente complexo nas grandes empresas globais que operam em muitos países, e por isso a qualidade das decisões é crucial. Por essa razão, quem decide deve não apenas ser competente, mas também ter a motivação e o estado de espírito corretos. A competência específica para o mundo dos negócios mede o talento e o conhecimento e, dessa forma, está fora do escopo deste livro. Mas observar e corrigir a motivação de cada um são aspectos importantes da prática budista e são detalhadamente discutidos aqui, assim como o cultivo do estado de espírito correto.

É fundamental para a filosofia budista a ideia de que o sofrimento existe e de que Buda nos convoca a ajudar a aliviá-lo. Meu objetivo é o mesmo: reduzir o sofrimento e aumentar a satisfação na vida como um todo. O propósito deste livro, portanto, é habilitar leitores e líderes a compreenderem com mais clareza o que acontece em suas mentes e na de outras pessoas, sobretudo no contexto da liderança. Como consequência, espero que vocês se tornem aptos a tomar decisões diferentes, que vão gerar uma melhor qualidade de vida para vocês mesmos, as organizações a que pertencem e todas as outras pessoas afetadas.

MEU INTERESSE E MINHA REFLEXÃO SOBRE O MUNDO EMPRESARIAL E A economia desenvolveram-se nos últimos 50 anos. Minha formação educacional foi de natureza inteiramente religiosa e espiritual. Desde a juventude até agora, meu campo de estudos foi o da filosofia e psicologia budistas. Em certa medida, graças à minha interação com membros tibetanos e chineses do Partido Comunista, aos poucos fui aprendendo sobre diferentes sistemas econômicos. Por inclinação, tendi para o socialismo, mas vi as economias dos países socialistas estagnarem, enquanto as de livre mercado tornavam-se claramente mais dinâmicas. Interessei-me particularmente pelo que tinha dado errado nas economias socialistas e pelos aspectos positivos do livre mercado. Todavia, continua a me inquietar o fato de que este último tenda a aumentar o abismo entre ricos e pobres.

Em 1990, recebi uma carta de Laurens van den Muyzenberg, um consultor administrativo de atuação internacional. Ele sugeriu que em vez de procurar combinar os temas comuns ao comunismo e ao pensamento budista, como eu havia cogitado fazer, seria mais eficaz eu considerar de que modo se poderia aprimorar o capitalismo, na tentativa de atender a nossos interesses coletivos. Achei a ideia atraente e o convidei a me visitar. Nós nos encontramos muitas vezes ao longo dos anos seguintes. Depois, em 1999, Laurens sugeriu que, dado o crescente interesse das companhias globais pela governança corporativa – e também o fato de que a tradição budista inclui muitas instruções teóricas e práticas que seriam úteis ao pessoal das empresas, especialmente os líderes –, eu poderia contribuir para a bibliografia que trata deste assunto. Concordamos desde o início que queríamos que o livro fosse de utilidade prática e ajudasse os empresários a tomar decisões mais acertadas. Combinamos que Laurens descreveria o panorama empresarial geral e eu diria como aplicar os ensinamentos budistas aos problemas levantados.

Recomendei-lhe que adotasse uma abordagem holística. Por "holística" pretendi dizer que ele deveria examinar as questões por muitos ângulos diferentes, não apenas o de um consultor administrativo do Ocidente. Creio que um dos grandes problemas do mundo atual é que, embora o volume de informações cresça exponencialmente, as pessoas tornam-se cada vez mais especializadas e já não conseguem compreender de que modo todas essas ideias interagem para aperfeiçoar a sociedade.

Ao escrever este livro, escolhi assuntos que penso serem importantes, e Laurens os investigou de acordo com sua própria experiência, entabulando discussões com colegas de profissão e fazendo pesquisas sobre as informações publicadas. Ele também entrevistou executivos que eram budistas praticantes, para saber como viam a atividade empresarial. Apesar de nossos esforços, não afirmamos ter encontrado todas as respostas. Ao longo do processo, empenhamo-nos em expor os ensinamentos budistas de um modo que as pessoas do mundo dos negócios pudessem compreender com facilidade.

Não estou interessado em converter ninguém. Meu objetivo é apresentar conceitos budistas que sejam aceitáveis e úteis para pessoas de todos os credos religiosos e para as que não têm credo nenhum.

PERDI MINHA LIBERDADE AOS 16 ANOS E ME TORNEI REFUGIADO AOS 24. Enfrentei inúmeras dificuldades na vida. Não obstante, conservei a paz de espírito. Posso até dizer que, graças à minha formação budista, sou mais feliz do que muitas pessoas que têm como certa a liberdade e um país para chamar de seu. Essa capacidade de preservar minha paz de espírito deve-se inteiramente aos ensinamentos que recebi e à minha tentativa sistemática de pô-los em prática, treinando minha mente. Tenho a sincera esperança de que esse tipo de treinamento, que é discutido e ensinado neste livro, possa ser adquirido por nossos líderes – no mundo dos negócios e das organizações globais –, a fim de tornar o planeta mais pacífico e sustentável.

O MONGE E O CONSULTOR

LAURENS VAN DEN MUYZENBERG

Este projeto é sobre o encontro de dois mundos: o meu, da consultoria administrativa, mais especificamente do mercado global, e o do budismo tibetano do Dalai-Lama. Esta foi a experiência profissional mais empolgante e recompensadora da minha vida.

Depois de ler um dos livros de Sua Santidade, no qual ele relatara que um filósofo indiano vinha trabalhando numa síntese entre o comunismo e o budismo, escrevi-lhe dizendo que achava que seria mais fácil fazer uma síntese entre o budismo e o capitalismo. Com certa surpresa, recebi uma carta dele convidando-me a ir visitá-lo na Índia. De 1991 a 2000, encontrei-me todos os anos com o Dalai-Lama e fiz para ele pequenos projetos de consultoria, em caráter voluntário, inclusive seminários sobre estratégias para seu governo no exílio.

De início, meu conhecimento dos conceitos budistas era limitado, como também era a experiência do Dalai-Lama com a economia e o mundo empresarial. Apesar de Sua Santidade ter estudado o sistema socialista e a obra de Karl Marx, sua exposição ao sistema de livre mercado era mais restrita. A ideia era que eu lhe daria informações de uma área econômica e ele comentaria as questões com base em sua perspectiva.

Essas discussões abarcaram muitos fundamentos básicos da administração e, por isso, pouco tiveram a ver com o budismo. Entretanto, logo ficou claro que o Dalai-Lama queria compreender o panorama geral — o modo como as empresas se enquadram na sociedade e o verdadeiro significado da "responsabilidade empresarial". Como ele me disse, "quero ter uma perspectiva holística das organizações". Após cerca de sete anos de reuniões, havíamos descoberto um modo de sintetizar os conceitos do budismo com os de ilustres pensadores ocidentais, para melhor enfrentar os dilemas da atividade empresarial, e assim nasceu este livro.

O budismo e o capitalismo têm suas complexidades, e é inevitável que, ao explorar seus princípios práticos, *Liderança para um mundo melhor* os simplifique. O livro tem uma estruturação progressiva: parte do indivíduo, chega à companhia ou organização e culmina na sociedade como um todo. Damos uma clara ênfase à liderança. Os geradores de mudanças não se encontram exclusivamente entre os altos executivos e os líderes, e incentivamos funcionários de todos os níveis a encontrar o líder dentro deles mesmos e utilizar as práticas deste livro.

A Parte I, "Liderando a si mesmo", discute os fundamentos do budismo e o modo como os que não estão familiarizados com eles podem perceber como se aplicam a todos os aspectos da vida. Enfatizamos a importância da boa tomada de decisões, bem como o desenvolvimento de exercícios mentais que aprimorem o desempenho da mente.

Na Parte II, "A liderança na organização", mostramos como é possível aplicar as ideias e os valores da Parte I ao contexto empresarial. Os dirigentes das organizações são estimulados a introduzir calor humano, compaixão e ética em seu processo de tomada de decisões, suas políticas e procedimentos; e as empresas, por sua vez, são incentivadas a buscar dirigentes íntegros.

A Parte III, "A liderança num mundo interligado", busca aplicar os valores budistas numa escala global e trata dos importantes temas da pobreza, da sustentabilidade, da diversidade e da responsabilidade ambiental. O objetivo é que mesmo uma pequena mudança na forma como abordamos essas questões fomente esperança e possibilidades.

O mundo de hoje enfrenta muitos desafios, em particular a crise econômica que começou em 2008. Neste livro, o Dalai-Lama apresenta seu ponto de vista sobre o perigo de um sistema econômico sem valores morais e sobre a necessidade de uma economia de livre mercado responsável. Nossa riqueza total teve um crescimento enorme e nos beneficiamos de milagres tecnológicos, mas, ao mesmo tempo, bilhões de pessoas vivem numa pobreza abjeta, enfrentamos a ameaça iminente do desastre ambiental e até os que vivem em nações prósperas sentem-se inseguros com relação ao futuro. Abordar esses problemas requer um tipo diferente de liderança, que veja as coisas como realmente são e que seja capaz de resolvê-las de maneira holística. É disso que trata este livro.

Os verdadeiros líderes têm a capacidade de examinar uma questão por muitas perspectivas e, com base nessa visão mais ampla, tomar as decisões corretas. Eles têm a mente serena, lúcida e concentrada. E a verdadeira liderança reconhece a inevitabilidade da mudança, a necessidade de um senso de responsabilidade universal e a importância de combinar o sistema econômico com valores morais.

É nesse ponto que se expressa o desejo supremo do Dalai-Lama — e o meu: que, pelo aperfeiçoamento da qualidade das decisões de nossos líderes, venhamos a viver num mundo melhor para todos.

Parte I

LIDERANDO A SI MESMO

A melhor maneira de um dirigente governar seu país é, em primeiro lugar, governar a si mesmo.

CAPÍTULO UM

TER A VISÃO CORRETA

Há quem tenha a impressão errônea de que o budismo conduz apenas à passividade, a pessoas que abandonam este mundo materialista e se dedicam a meditações na floresta. Na verdade, esse tipo de isolamento destina-se primordialmente a monges e monjas. Como filosofia, o budismo lida, efetivamente, com indagações clássicas: o que é a verdade e como podemos determiná-la? Qual é o objetivo da vida? O que é este Universo em que vivemos? O que são a natureza humana, o dever e o destino? O que é o bem e o que é o mal?

A principal ênfase do budismo, entretanto, recai especificamente sobre praticar as ações corretas: o que devo fazer? A essência da filosofia budista pode ser resumida em dois conceitos: Visão Correta e Conduta Correta. A Visão Correta não tem valor se não leva à ação correta – e é óbvio que praticar a ação correta é fundamental para o sucesso nos negócios.

A liderança tem a ver com tomar decisões, mas não quaisquer decisões, e sim as corretas. As resoluções dos líderes das empresas globais afetam milhares ou até milhões de pessoas, e as dos líderes políticos atingem dezenas de milhões. Por isso, fazer as escolhas certas é de extrema importância, do mesmo modo que a decisão incompetente pode ter efeitos desastrosos.

Na visão budista, o verdadeiro líder é aquele que toma as resoluções certas. Isso depende de ele ter a Visão Correta e o que o Dalai-Lama chama de "uma mente serena, lúcida e concentrada" — uma mente tranquila, não perturbada por pensamentos e sentimentos negativos, treinada e focada. O propósito deste capítulo é introduzir alguns conceitos centrais da filosofia budista e mostrar que, uma vez adotados, eles podem melhorar a qualidade de nossa vida e de nossas organizações.

Para aumentar a qualidade das decisões que tomam, os líderes têm que aperfeiçoar a mente. Um conceito central do budismo é que todo homem e toda mulher podem decidir aprimorar a mente, e que fazer isso resulta em uma vida mais feliz para eles mesmos e para os outros. Você pode aperfeiçoar a mente pensando e agindo da maneira correta. Mas não pode agir corretamente se não *pensar* corretamente.

Isso significa refletir antes de cada ação, para ter certeza de que ela se baseia na intenção certa e tem a motivação correta. A intenção certa determina que a ação seja benéfica para o indivíduo e para todos os que forem afetados por ela, ou seja, leva em conta o bem-estar do eu e dos outros. Isso se aplica tanto aos indivíduos quanto às organizações.

Ter a intenção certa é a primeira parte do conceito budista da Visão Correta. A segunda parte reconhece três aspectos da realidade: não existe nada que seja permanente, tudo muda; não existe nada que seja independente; e não existe nada sem uma causa. Talvez você ache que isso é bastante óbvio, mas as pessoas se esquecem de levá-los em conta ao tomar decisões.

Temos a tendência de pensar em nós mesmos como indivíduos separados dos outros, independentes. As organizações também acreditam que são autônomas. Esta é uma visão errada. Dependemos uns dos outros para obtermos proteção, alimentação, educação e emprego. As organizações dependem de seus funcionários, clientes, fornecedores e de instituições financeiras. Reconhecer essa dependência é um dos aspectos fundamentais do budismo: você começa com o todo e vê a si mesmo e sua empresa como parte dele. Isso é chamado de "compreensão da interdependência", uma interdependência que é particularmente forte nos negócios e nas políticas governamentais.

Pensar da maneira correta depende de ter a mente serena, lúcida e concentrada. Quando a mente é influenciada pela raiva, inveja, medo ou falta de autoconfiança, a pessoa fica perturbada, se torna ineficiente e não consegue perceber a realidade. É preciso desenvolver a capacidade de *atenção vigilante.** Isso significa ser capaz de perceber quando um sentimento negativo começa a influenciar seus pensamentos. Também é preciso desenvolver a capacidade de impedir que esses sentimentos negativos o dominem. O indivíduo tem que adquirir e manter o controle de seu estado mental para tomar decisões de acordo com a Visão Correta. Nos próximos capítulos explicaremos como treinar a mente para isso.

A Visão Correta relaciona-se com a intenção por trás da decisão. A Conduta Correta, outro conceito budista, refere-se à qualidade das *ações* praticadas por uma empresa e seus funcionários em decorrência dessa decisão. Todos os nossos atos devem levar em consideração seu efeito sobre outras pessoas. Trataremos da Conduta Correta mais detalhadamente no próximo capítulo.

---

*Esse conceito, conhecido em inglês como *mindfulness* e originário de tradições do budismo e da ioga, refere-se a um estado de conscientização atenta e plena dos próprios atos, pensamentos e motivações, num trabalho profundo de observação de si mesmo, da realidade interna. (N. da T.)

Este livro singulariza-se por aplicar os princípios da Visão e da Conduta Corretas ao processo de tomada de decisão nas empresas. Uma organização não é a soma dos indivíduos que a integram: é, ao mesmo tempo, mais e menos do que isso. É muito mais porque a organização é capaz de realizar várias coisas que os indivíduos sozinhos não conseguem fazer. E é muito menos porque seus integrantes também têm uma vida privada, família, amigos e participação em outros grupos.

Não queremos afirmar nem dar a impressão de que é fácil aplicar a Visão e a Conduta Corretas. Não é. Atingir a perfeição está fora da capacidade de quase todas as pessoas. O que afirmamos é que todos podem aprimorar sua mente e seu desempenho se assim o desejarem. E isso também é válido para as organizações, sejam elas pequenas, grandes, do setor privado, do setor público, beneficentes, sem fins lucrativos ou não governamentais.

Este livro não diz respeito ao budismo como religião ou estilo de vida. A visão do Dalai-Lama é de que as pessoas podem encontrar valores que as ajudem a levar uma vida boa e responsável seguindo qualquer tradição religiosa — ou mesmo nenhuma. As ideias deste livro, portanto, podem ser aceitas e praticadas por todos.

À PRIMEIRA VISTA, PODERÍAMOS ESPERAR UMA GRANDE DIFERENÇA entre o mundo dos negócios e o budismo, porém seu denominador comum é a importância que ambos atribuem à felicidade. Uma empresa que não tenha funcionários, clientes e acionistas satisfeitos acaba falindo. Buda considerava que a principal finalidade de seus estudos e ensinamentos era descobrir as causas da infelicidade e o que se poderia fazer para reduzir o sofrimento. Sua conclusão foi que a causa básica do sofrimento era o egocentrismo. E se referiu a ele como uma lei da natureza.

O egocentrismo é também causa de pensamentos negativos, que desconsideram as consequências que possam ter para os outros. Trapaça, mentira, ocultação de más intenções, agressão, raiva, arrogância, inveja, maldade e ressentimento, tudo isso são pensamentos ou sentimentos negativos. Quando o indivíduo consegue reduzir a ocorrência dessa negatividade, nota uma rápida melhora em seu relacionamento com os outros. É simples! As pessoas preferem lidar com quem se preocupa com o bem-estar delas e não se interessa apenas por si mesmo. Muita gente, no entanto, fica totalmente cega para isso e, ao conhecer alguém, tenta impor suas ideias e convencer o interlocutor de sua própria excelência, sem demonstrar o menor interesse pelo outro.

Quando abrimos os olhos para os danos que podem ser causados pelos pensamentos e sentimentos negativos, a maioria de nós reconhece o valor de controlá-los. Uma medida útil é instalar um "sistema antecipado de alerta", uma voz interior que diga: "Você está entrando num estado mental negativo. Tome cuidado: certifique-se de não perder o controle de seus processos de pensamento e de suas emoções." E, o que é mais importante, é preciso dizer a si mesmo: "Lembre-se: se o processo negativo de pensamento for muito intenso, não tome nenhuma decisão importante ou irreversível nesse momento."

Com o tempo, a pessoa pode atingir um estágio em que já não surjam os pensamentos e sentimentos negativos, ou que eles só ocorram raramente. Isso leva anos de prática, é claro, mas os resultados são recompensadores.

Nos comentários feitos pelo Dalai-Lama no trecho anterior, vemos a promessa dos ensinamentos budistas e a maneira como eles podem ser aplicados ao mundo empresarial. A arena dos negócios e os conceitos do budismo, à primeira vista, formam uma dupla improvável. A primeira, primordialmente preocupada com a produção, o lucro e o crescimento, parece contrastar com estes últimos, que se interessam pela compaixão para com o semelhante e pelo bem-estar da humanidade e de nosso planeta. Olhando mais de perto, porém, constatamos que tanto as atividades empresariais quanto os princípios budistas interessam-se pela felicidade e pela tomada de decisões corretas. No fim das contas, não são uma dupla tão estranha. Quando se aplicam a Visão e a Conduta Corretas aos negócios, a produção de confiança, bem-estar e lucros aumenta significativamente.

Quanto tempo vai levar para que as empresas adotem essa maneira de pensar? As pessoas não mudam hábitos arraigados com facilidade. Embora muita gente esteja consciente de que há algo errado com a maneira como as empresas e o sistema financeiro funcionam, todos ficaram chocados com a crise econômica que eclodiu em 2008. Ela foi o resultado inevitável do crescimento acelerado da interdependência global e das decisões erradas dos líderes, principalmente no setor financeiro. Esses líderes parecem não ter levado em consideração as consequências que seus atos trariam para seus funcionários, clientes e para a sociedade em geral. Sua principal motivação era a ganância.

A VISÃO CORRETA: ADQUIRINDO SABEDORIA

A Visão Correta compõe-se de duas partes: o processo de tomada de decisões e os três valores ou conceitos que têm de ser respeitados ao se fazer escolhas. Os líderes confrontam-se o tempo todo com a necessidade de decidir. Quando surgem situações difíceis, seja no nível pessoal ou no empresarial, a meta é não reagir a partir de uma perspectiva egocêntrica, mas do ponto de vista da companhia e de todas as pessoas e organizações afetadas pela decisão. Nossa preocupação é que o *processo* —

desde a origem da decisão até a implementação das medidas e o acompanhamento de seus efeitos — funcione da melhor maneira possível. De acordo com a Visão Correta, a tomada de decisões deve focar-se sempre nos *efeitos* decorrentes da implementação de determinada escolha.

O primeiro ponto a examinar no processo de tomada de decisões é a *intenção* por trás da ação a ser considerada. Ela deve ser boa, o que significa que, no mínimo, o resultado não deve prejudicar outras pessoas. Em alguns casos, uma ação é benéfica para alguns e inevitavelmente prejudicial a outros. No entanto, deve-se fazer todo o esforço, por meio da criatividade e da inovação, para reduzir os prejuízos o máximo possível. Ao longo deste livro, daremos muitos exemplos do tipo correto de processo de tomada de deciões.

O segundo ponto é o *estado de espírito* do líder e, na medida do possível, também o das outras pessoas envolvidas no processo. Para aquele que toma a decisão, o desafio é reconhecer a origem de qualquer sentimento negativo, como a postura defensiva ou a raiva, e poder devolver a mente a um estado sereno, lúcido e concentrado.

Ao chegarem ao fim do processo de tomada de decisões, os líderes devem se perguntar: os *efeitos* desta escolha serão benéficos para minha organização e também para quaisquer outros interessados? Qual é a minha motivação: estou apenas agindo em benefício próprio ou também estou considerando os interesses dos outros?

Pode-se compreender melhor o aspecto de causa e efeito da tomada de decisões por meio dos princípios budistas de originação dependente, interdependência e impermanência, cada um dos quais assim explicado pelo Dalai-Lama:

Originação dependente (causas e condições) é outra maneira de afirmar o princípio da causalidade: a lei de causa e efeito, ação e consequência. Não existe nada que não tenha uma causa e nada se modifica por si só.

Não há nada de novo nesse princípio, mas ter plena consciência dele faz diferença, pelas razões apresentadas a seguir. Uma decisão dá início a uma mudança. A essa mudança haverá inúmeras reações, algumas positivas, outras negativas. Por mais competente que seja a pessoa que decide e por mais que sua mente seja treinada, nenhum líder é capaz de antever todos os efeitos originados por seus atos. Mas aqueles que têm a intenção correta e são muito minuciosos ao refletir sobre os efeitos de suas decisões cometem menos erros.

Nesse contexto, dois outros princípios são importantes: ver as coisas como realmente são e observar as consequências do ponto de vista dos outros e por muitas perspectivas. Voltaremos à aplicação desses princípios ao longo do livro.

Há uma diferença pequena mas interessante entre a ideia "clássica" de causa e efeito e a originação dependente. Nesta última, a ênfase incide sobre o *processo* que se dá entre a causa e o efeito. Ao se estudar o processo, presta-se especial atenção às condições que possibilitam a ocorrência do evento, bem como às condições das quais depende o efeito. O sucesso da decisão sempre depende de muitas condições que também devem ser analisadas.

Ofereci ao Dalai-Lama um exemplo claro de originação dependente: imaginemos um alto executivo que descubra que um equivalente seu em outra companhia, uma empresa menor e de menos sucesso, recebe uma remuneração maior que a dele. Sua reação instintiva é achar isso injusto. (Não seria natural ele se orgulhar de ganhar um salário menor que o de uma pessoa menos bem-sucedida.) Seu processo de pensamento leva então a uma pergunta: "O que devo fazer, se é que devo fazer alguma coisa?" É provável que alguém que não conheça os conceitos de Visão e Conduta Corretas entre em contato com a diretoria e diga estar sendo mal remunerado, sugerindo que se contrate um consultor para analisar a situação e determinar o nível justo de seu salário. Ele não levará em conta nenhum efeito que seu ato possa ter sobre outras pessoas.

Por outro lado, o líder empresarial consciente da Visão e da Conduta Corretas — que tem a mente treinada — pensa de outra maneira. Pergunta a si mesmo: "Minha mente está sendo influenciada pela ganância? Estarei enveredando por um caminho egoísta?" Ele poderá deter imediatamente esse processo, ou avançar com extremo cuidado. Poderá refletir sobre o fato de que ganha muito mais do que o necessário para levar uma vida confortável. Como parte de sua reflexão, talvez lhe ocorra a ideia de que muitos homens de negócios em cargos semelhantes têm, digamos, grandes casas de veraneio. Ele reconhecerá prontamente que esse é o início de um processo mental marcado pela inveja. E então se perguntará: "De que maneira o meu pedido afetaria o restante da companhia?" Esse é um exemplo típico de como ficar atento aos pensamentos e sentimentos negativos. Ele se lembrará, por exemplo, de que recentemente a empresa foi obrigada a demitir funcionários. Seria justo pedir aumento? A moral seria afetada? Esse tipo de questionamento dos efeitos de seus próprios atos sobre os outros prossegue até ele chegar a uma decisão.

No fim, ele poderá decidir levantar ou não a questão da remuneração injusta com seus superiores, mas, de um modo ou de outro, aquele que tem a mente treinada analisará as consequências de seus atos e estará ciente de que deve observar cuidadosamente motivações egoístas e sentimentos como a inveja.

É claro que as decisões tornam-se mais complexas quando passamos do exemplo do executivo como indivíduo e chegamos ao nível da empresa. Quando as organizações tomam decisões, os efeitos têm que ser previstos até o fim, por muitas razões: riscos financeiros, a reputação da companhia e se essa medida será a melhor para a maioria dos funcionários e para todos os outros interessados.

A *interdependência* é causa e efeito vistos por uma perspectiva diferente. Como nada existe sem uma causa e toda causa tem muitos efeitos, a interdependência entre fenômenos diferentes é a consequência lógica. Neste caso, ela significa reconhecermos nossa dependência uns dos outros. Todas as ações surtem efeitos no eu e nos outros. Meus atos têm efeitos em outras pessoas. A reação delas provoca efeitos em mim, e assim sucessivamente.

Uma empresa é um exemplo típico de organização interdependente. Ela depende de clientes, de políticas de governo e de mudanças no cenário político, e ainda de seus funcionários, acionistas e distribuidores – ações e reações numa cadeia interminável.

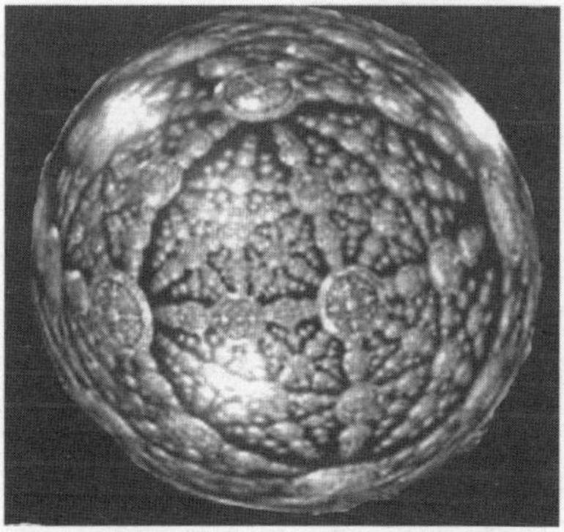

A rede de pedras preciosas de Indra – o deus hindu do Universo – proporciona uma bela imagem da interdependência.[1] Trata-se de uma rede em forma de esfera, com uma pedra preciosa em cada nó. A luz emitida por uma das pedras é refletida por todas as outras. Os reflexos são devolvidos à pedra emissora e tornam a ser rebatidos. Imagine que você é uma dessas pedras. Você, as outras pessoas e a rede como um todo mudam constantemente, num sistema interdependente.

Os líderes percebem que dependem dos outros, mas, muitas vezes, não compreendem plenamente até que ponto estão sujeitos à reação de pessoas que não estão sob sua direção, como a clientela e os meios de comunicação, por exemplo. Os melhores líderes têm bastante consciência da importância dessas interações para sua reputação: basta um erro grave para que uma reputação manchada precise de décadas para ser reconstruída.

A *impermanência* é outra consequência da causa e efeito. Dadas as inúmeras causas e efeitos, não existe nada que seja permanente e sem causa. Esse conceito leva a uma enorme confusão, por ser designado na literatura budista como "o vazio". Essa é uma abreviação de "esvaziado de tudo o que existe intrinsecamente" – ou seja, sem causa, totalmente independente. Isso também pode ser expressado de outra maneira: tudo o que existe são processos que operam numa rede de causas e efeitos. As pessoas sabem que isso é verdade, mas não gostam dessa ideia; prefeririam o estado de satisfação permanente.

Muitos líderes de empresas cometem o mesmo erro. Estabelecem metas e objetivos e esperam que, uma vez alcançados, estes levem a um estado permanente de satisfação. Isso é impossível. Toda meta é um alvo móvel.

Os líderes e todas as demais pessoas devem reconhecer que ocorrerá uma miríade de desdobramentos, os quais tornarão impossível que se atinja uma meta estável de satisfação sem que ocorram alterações, algumas agradáveis, outras nem tanto. Todos temos de enfrentar a realidade e fazer muitas mudanças. Esse é um dos maiores desafios da sociedade atual: lidar com um ritmo crescente de mudanças. Nem mesmo as empresas que tiveram sucesso durante muitos anos continuarão a ser bem-sucedidas para sempre.

> A impermanência (ou "mudança constante") aparece por toda parte no mundo empresarial. É um refrão conhecido pelos atuais dirigentes de empresas. Robert H. Rosen, fundador da Healthy Companies International, assim enunciou essa ideia:
>
> *Ao viajar pela Ásia, fiquei particularmente impressionado com o conceito budista de impermanência. A ideia é que a mudança é o estado natural das coisas, que tudo*

na vida cresce e entra em declínio e que a incerteza e a ansiedade são inerentes ao ser vivo... Comecei a olhar para além do escritório daqueles líderes com quem vinha me encontrando e passei a vê-los como homens e mulheres de verdade, com aspirações pessoais, vulnerabilidades e medos. Comecei a perceber que todos convivemos com algum grau de ansiedade durante boa parte de nossa vida.[2]

As empresas dependem da inovação, da reinvenção delas mesmas, do reposicionamento de seus produtos, de encontrar meios de se manterem competitivas no mercado global e de satisfazerem as demandas mutáveis de seus clientes. Por essas razões, de todos os conceitos budistas, a impermanência é o mais prontamente compreendido pelo mundo empresarial. No entanto, apesar de compreendê-lo, muitas companhias reagem bem lentamente, não pegam a onda seguinte de inovações ou introduzem novos produtos tarde demais.

Talvez você se pergunte qual é a necessidade de dispormos de três conceitos tão similares. A experiência de vários milênios mostra que cada um deles ativa diferentes partes da mente, de modo que se adquire uma compreensão mais minuciosa da realidade.

A visão do budismo não é fatalista – não sugere que aceitemos a mudança para pior como uma realidade da vida. Pelo contrário, ao ficarmos cientes da mudança constante e tentarmos identificar as mudanças negativas logo no início, podemos evitar os desdobramentos negativos e, em alguns casos, transformá-los em oportunidades positivas. As empresas devem buscar continuamente maneiras positivas de lidar com a mudança.

O budismo enfatiza que esses três conceitos — causa e efeito, interdependência e impermanência — devem ir além da compreensão intelectual. Devem tornar-se "realizações"; devem ser vivenciados no nível dos sentimentos e transformados em parte integrante da mente.

Enquanto vivemos neste mundo, estamos fadados a deparar com problemas. Se, nessas ocasiões, perdermos a esperança e ficarmos desanimados, diminuiremos nossa capacidade de enfrentar as dificuldades. Por outro lado, se nos lembrarmos de que não somos apenas nós que temos de passar por sofrimentos, mas todas as pessoas, essa visão mais realista aumentará nossa determinação e nossa capacidade de superar os problemas. Com essa atitude, na verdade, cada novo obstáculo poderá ser visto como mais uma valiosa oportunidade para aperfeiçoar a mente.

Este livro destina-se a ajudar os líderes das empresas a desenvolverem a capacidade de examinar as questões por muitos ângulos — de curto prazo, longo prazo, dos pontos de vista das diferentes pessoas implicadas — e a usarem essa visão mais ampla para tomarem as decisões corretas.

ACEITANDO A REALIDADE, MANTENDO UMA POSTURA POSITIVA

Portanto, diz a abordagem budista que, para compreender plenamente a realidade — para ver e aceitar as coisas como realmente são —, a pessoa deve aceitar a Visão Correta e exercer um controle considerável sobre os sentimentos negativos, como a raiva ou a inveja. Dois fenômenos que frequentemente nos impedem de ver a realidade são o otimismo fantasioso e pensar nos problemas do passado como se ainda existissem.

O *otimismo fantasioso* é muito comum no mundo dos negócios. O mercado exige que as pessoas dessa área progridam, que confiem em sua própria orientação. O empresário pessimista tem pouca probabilidade de êxito. Mas o desejo de ter sucesso leva muita gente do mundo dos negócios a rejeitar as informações negativas. Um exemplo claro disso é quando os funcionários vivenciam um problema no local de trabalho e esperam muito tempo para levá-lo ao conhecimento de seus superiores. Talvez tenham a esperança de que o problema desapareça sozinho, para não terem que ser portadores de más notícias. Ao verem um colega envolver-se em algo muito negativo, como a corrupção, por exemplo, hesitam em relatar isso, por temerem — em muitos casos com razão — ser punidos. Situações como essa surgem com bastante frequência e ilustram por que, muitas vezes, a diretoria só toma conhecimento dos problemas quando eles já se tornaram muito graves e difíceis de corrigir. Consideremos esta máxima, usada por uma empresa: "Boas notícias devem andar devagar, más notícias devem correr."[3] A adoção dessa mentalidade ajuda as companhias a se manterem mais bem informadas sobre os problemas potenciais, antes que eles se transformem em riscos e vulnerabilidades. É um modo eficaz de ficar a par da realidade, antes que seja tarde demais.

Pensar em problemas do passado como se ainda existissem é outra maneira de expressar o conceito de transposição de experiências passadas para o presente. Quando deixamos um processo negativo de pensamento assumir o controle, desperdiçamos uma grande quantidade de energia ficando aborrecidos e com raiva por causa de um acontecimento passado. Muitas pessoas do mundo empresarial caem na armadilha de gastar sua energia emocional remoendo injustiças que elas ou suas empresas sofreram em outras épocas. Deter-se ao passado como se ele fosse o presente é contraproducente, é perda de tempo.

Consideremos a história de Thitinart na Patalung, presidente da Working Diamond, na Tailândia. Thitinart descreveu que fora muito bem-sucedida nos negócios, mas havia perdido tudo ao ser enganada pelo sócio. Como resultado, ficara muito deprimida e cheia de raiva. Por sugestão de um amigo, entretanto, resolveu participar de um curso de meditação. Ao começar a meditar, uma das primeiras coisas que lhe vieram à cabeça foi a imagem do sócio desleal, o que a deixou imediatamente furiosa. Depois de se acalmar, ela pôde analisar seu processo de pensamento. Começou a perceber que estava vivenciando como "real" algo que era apenas um processo mental, sem existência independente. Estava invocando repetidamente a traição sofrida. Comparou o desenvolvimento dessa raiva intensa de acontecimentos do passado a alguém que segurasse um caco de vidro e o apertasse até fazer a mão sangrar, pressionando cada vez mais e aumentando o sangramento. Ao se dar conta de que a raiva que vivenciava só existia em sua cabeça, ela pôde livrar-se do rancor ligado ao passado.

PRIMORDIALMENTE, AS DECISÕES SÃO TOMADAS PARA MUDAR ALGUMA coisa. É comum pensarmos na mudança como a passagem de uma situação para outra, mas essa é uma simplificação perigosa. A situação atual é o resultado de inúmeras causas e condições, e é também dependente de muitas causas e condições. Modifica-se o tempo todo e é impermanente. Reconhecer essas interdependências e interligações inspira um estado saudável de humildade em nós; leva-nos a aceitar a complexidade de fazer uma mudança bem-sucedida. E também deve levar a uma visão holística, e não estreita, da mudança. Em outras palavras, antes de você tomar uma decisão, considere as consequências por muitas perspectivas diferentes. A aceitação da impermanência também reforça sua determinação de monitorar o modo como as decisões são executadas.

A Visão Correta é um conceito bastante fácil de entender, mas aplicá-lo adequadamente exige habilidade. Toda situação é única e não existem respostas automáticas. Compreender os princípios é o primeiro passo, mas quem toma uma decisão ainda tem que refletir muito, aprender a lidar com objetivos conflitantes, pesar as consequências a curto e a longo prazos e considerar os diferentes grupos de interesse. O uso desses conceitos exige prática, e com a prática vem a habilidade.

Desenvolver a Visão Correta é a base em que se fundamentam os outros conceitos deste livro. É impossível chegar a uma mudança positiva com a visão errada.

Os capítulos seguintes explicam como combinar a Visão Correta com seu conceito gêmeo, a Conduta Correta, e mostram o valor de descobrirmos uma prática disciplinada que funcione para cada um de nós e para nossas circunstâncias específicas. Mantenha sempre ativas na mente a Visão e a Conduta Corretas, e disso decorrerá uma boa tomada de decisões.

CAPÍTULO DOIS

FAZER O QUE É CERTO

No budismo, consideramos importantíssimo que a pessoa que ensina os princípios budistas os aplique à sua própria conduta. Na Índia da época de Buda, os professores e filósofos só eram levados a sério quando viviam de acordo com o que pregavam. Embora a maioria dos ensinamentos de Buda seja muito clara, passar da teoria à prática, quando se trata do comportamento humano, exige determinação e esforço. Dominar por completo a aplicação desses ensinamentos é um objetivo pelo qual se deve lutar.

Aplica-se aos verdadeiros líderes o mesmo princípio que se aplicava aos primeiros filósofos. O líder só é respeitado quando age de acordo com os princípios em que afirma acreditar. Ou, dito de outra maneira, muitas pessoas imitam o comportamento de seus líderes. Quando esse comportamento difere dos princípios afirmados, as pessoas seguem o comportamento, não os princípios.

No budismo, considera-se que a pessoa é o acúmulo de todos os seus atos até o momento. As boas ações a tornam boa, as más a tornam má. O efeito das más ações pode ser reduzido por boas ações posteriores. É isso que chamamos de lei do carma.

No capítulo anterior vimos que a qualidade da tomada de decisões depende do uso dos princípios da Visão Correta e da habilidade e energia com que eles são aplicados. Por meio da determinação e da prática (ou treino da mente), qualquer um pode adquirir uma capacidade maior de escolher o caminho certo. Isso é particularmente eficaz para os líderes ao decidirem o que fazer por suas organizações e pelas pessoas que trabalham nelas. Essas decisões assumem a forma de políticas e práticas, bem como das funções desempenhadas pelos indivíduos. Em termos simples, os dirigentes devem atender às necessidades de toda a organização e de cada funcionário.

Como essas necessidades podem ser conflitantes, muitas vezes os líderes se veem em situações em que ninguém sai ganhando. A resposta do Dalai-Lama a esse dilema seria a seguinte: o princípio é simples — o efeito da decisão deve ser benéfico para a organização e para todos os outros envolvidos. Deve-se evitar causar danos. Na realidade, uma decisão pode gerar benefícios para alguns e desvantagens para outros. Nesse caso, escolha o caminho que for melhor para o maior número de pessoas.

A situação é ainda mais difícil quando é impossível evitar que alguém saia prejudicado. O princípio budista é que, quando não se puderem evitar os danos, estes deverão eliminar um prejuízo muito maior para outras pessoas. O processo de tomada de decisões tem três etapas. Faça sua escolha inicial e verifique se o resultado prejudicará alguém. Se não houver nenhum dano, vá em frente. Se houver, use sua criatividade para encontrar outra solução. Se for totalmente impossível evitar algum tipo de dano, você deverá certificar-se de que ele é justificado, seja por evitar um prejuízo muito maior, seja por levar enormes benefícios para outras pessoas. Por exemplo, se uma empresa estiver numa crise financeira por ter sofrido uma queda drástica em suas vendas, poderá justificar a demissão de parte de seu pessoal. Esses trabalhadores serão prejudicados, mas os empregos dos funcionários que permanecerem na empresa serão salvos. É claro que o melhor seria ter evitado o problema, mas crises acontecem.

O bom líder deve desenvolver a capacidade de enfrentar tais situações, para que as pessoas dentro e fora da organização considerem suas decisões justas. Entretanto, não basta a decisão ser justa: o líder também deverá comunicar às pessoas implicadas a lógica por trás de sua escolha.

Tomar decisões e agir são elementos cruciais da liderança. Mas não é qualquer ação que serve. Muitas vezes os líderes tomam decisões como quem "marca um X num quadradinho", porém essa é uma tática falha. Este capítulo discorre sobre como as ações praticadas devem ser íntegras, o que significa serem de natureza ética e provirem da consciência da Visão Correta e de uma mente treinada. Dessas decisões éticas provém a paz, ensina Buda. A inação pode ser, em si mesma, um ato indigno, uma vez que, em certas ocasiões, não fazer nada pode acarretar sofrimento. Então, como aprender quando e de que maneira praticar a ação correta?

PRATICAR ATOS ÉTICOS

No ano 2000, o maior banco da Holanda, o ABN AMRO, nomeou um novo presidente. Logo após a sua posse, ele anunciou que, em três anos, o ABN estaria entre os três maiores bancos da Europa.[1] Este ranking é feito com base na capitalização do mercado, de acordo com as taxas de lucro e crescimento. O novo presidente disse ainda que, se não obtivesse sucesso, pediria demissão. De fato, ele não alcançou a posição desejada no ranking, não se demitiu e acabou sendo dispensado. O banco foi dividido em quatro e comprado por instituições dos Estados Unidos, do Reino Unido, da Bélgica e da Espanha, com desastrosas consequências para o Royal Bank of Scotland e para seu polêmico presidente *Sir* Fred Goodwin.

Muitos homens de negócios ambiciosos sentem-se tentados a se tornarem heróis. E esse objetivo é mais facilmente atingido quando se busca o lucro em vez da satisfação dos clientes e funcionários — o que seria a Visão Correta. Se os presidentes de empresas reconhecessem a necessidade de mudar sua motivação e de serem humildes, desastres poderiam ser evitados.

Temos no budismo o conceito de tendências virtuosas e nocivas (no pensamento e na ação). As ações virtuosas levam ao bem-estar físico e moral e podem ser consideradas éticas. As ações nocivas resultam em sofrimento e prejuízo e, por conseguinte, podem ser consideradas antiéticas. Além disso, as pessoas também têm tendências virtuosas e nocivas. A tarefa, portanto, é eliminar as tendências nocivas e substituí-las por outras, virtuosas. Um ponto importante é que os atos e pensamentos virtuosos e nocivos se excluem mutuamente: uma pessoa não pode ficar ao mesmo tempo furiosa e calma, ou concentrada e distraída.

Para nossos propósitos neste livro, vamos concentrar-nos no contraste entre fatores mentais virtuosos e nocivos.[2] (Ao longo do livro, também vamos nos referir a esses fatores como sentimentos ou emoções "positivos" e "negativos".) Se combinarmos os fatores virtuosos e nocivos aos pares, será fácil ver do que devemos nos livrar – o que eliminar – e o que devemos pôr em seu lugar. Daremos alguns exemplos aqui, e você poderá encontrar outros pares no fim do capítulo.

O processo de eliminação é o mesmo para todos os fatores mentais nocivos. O primeiro passo é fazer nossa meditação analítica sobre uma determinada atitude – pensar nela – e tirar conclusões que digam se ela traz uma contribuição positiva. O segundo passo é aplicar a essa conclusão a meditação estabilizadora (ou posicionada, de concentração unidirecionada), a fim de substituir o sentimento por uma emoção positiva. Esses dois passos têm que ser repetidos várias vezes. Depois, com o tempo, o processo de eliminação e substituição torna-se mais natural.

Embora esses fatores possam parecer distantes do mundo empresarial, isso não é verdade. Quando os líderes das empresas substituem as atitudes mentais nocivas por outras virtuosas, sua liderança imediatamente se torna melhor. A antiquíssima frase "liderar pelo exemplo" entra em ação. Em vez de dizer aos membros de sua organização como agir e o que fazer, o líder que tem a mente treinada torna-se uma pessoa a ser imitada. Essa estrutura fornece um ponto de partida muito abrangente.

A AUTOCONFIANÇA ELIMINA A FALTA DE AUTOCONFIANÇA

De acordo com Buda, o maior tesouro que os seres humanos podem ter é a autoconfiança. Esperamos que os líderes e dirigentes das empresas sejam autoconfiantes, mas eles podem apenas parecer que o são; para muitos, isso é uma fachada. É comum sofrerem com a falta de autoconfiança por não terem certeza se o que estão fazendo é certo. A meu ver, isso é uma perda de tempo, pois não contribui para que se encontrem as soluções corretas. Para combater esse problema, os líderes devem aplicar o conceito de originação dependente em sua vida cotidiana. Com isso, quero dizer que precisam tomar decisões sensatas, levando em conta todos os fatores. Quando começam a pensar dessa maneira interligada, os líderes sentem que seus atos são corretos – e é a partir daí que se constrói a autoconfiança.

A SOLICITUDE E A CONCENTRAÇÃO ELIMINAM A DISTRAÇÃO, O DESCUIDO, A IRREFLEXÃO E O ESQUECIMENTO

Solicitude significa, em termos muito simples, prestar rigorosa atenção a alguma coisa. As pessoas são muito perspicazes na capacidade de avaliar essa qualidade. Se você não escuta uma pessoa ao conversar com ela, é provável que ela perceba e que a comunicação se torne praticamente impossível. Dar plena atenção à outra pessoa é não apenas um gesto de cortesia, mas também ético ou virtuoso.

> A "solicitude" é de especial importância, até mesmo inspiradora, num líder. Quando ele realmente ouve o interlocutor, este se sente valorizado e importante.
>
> Tomemos o Dalai-Lama como exemplo. Conheci centenas de pessoas atarefadas ao longo dos anos, mas poucas com uma carga de trabalho tão grande quanto a dele. Quando conversamos, porém, sinto que ele fica 100% concentrado no que estou dizendo. Nunca fomos interrompidos por um telefonema ou por alguém que entrasse para falar com ele. No entanto, sei que seu tempo é muito precioso. Quando um líder é capaz de transmitir um sentimento semelhante de que todas as pessoas sob os seus cuidados são importantes para ele, o resultado é a confiança. E da confiança brota toda sorte de possibilidades.
>
> O processo de aprender a eliminar a ação indesejada e substituí-la pela desejada é útil para qualquer indivíduo. É evidente que, quando os fatores e sentimentos nocivos são eliminados e substituídos por outros, virtuosos, pode-se gastar mais tempo com atividades mentais produtivas e, como resultado, passa a haver menos sofrimento e mais bem-estar. Pode-se dar mais atenção ao "prosseguimento dos trabalhos" e menos à "correção de problemas" decorrentes de decisões ruins. A implementação desse processo requer o desenvolvimento de um conjunto de habilidades: poder de observação, prática de disciplina e também uma boa dose de paciência.

VALORIZAR O MEIO DE VIDA CORRETO

UMA DAS PRINCIPAIS ESCOLHAS QUE FAZEMOS É COMO GANHAR A VIDA. O conceito de meio de vida correto significa que é preciso garantirmos nosso sustento de forma honrada e que a riqueza deve ser obtida legal e pacificamente. Buda menciona quatro atividades específicas que prejudicam outros seres e por isso devem ser evitadas: negociar armas; negociar seres vivos (incluindo a criação de animais para abate, o comércio de escravos e a prostituição); trabalhar na produção e talho de carnes; e vender substâncias inebriantes e tóxicas, como o álcool e as drogas. Além disso, qualquer outra ocupação que viole os princípios da Conduta Correta deve ser evitada.

A definição do meio de vida correto como "agir de forma honrada, legal e pacífica" expõe os princípios gerais. As quatro atividades específicas merecem alguns comentários.

Creio firmemente que a guerra é um erro, mas ela foi justificada quando os Aliados libertaram a Europa e a Ásia da ocupação alemã e japonesa. Naquele momento, as armas foram essenciais. Em todas as situações, deve-se fazer o possível para evitar a necessidade do uso de armamentos.

Traficar seres humanos é errado, evidentemente, mas criar animais para o abate e a obtenção de carne é uma atividade comum em quase todos os países. A maioria dos budistas, embora nem todos, é vegetariana. Fui criado como vegetariano, mas, depois de uma doença grave, os médicos me disseram que eu tinha de comer um pouco de carne, o que venho fazendo desde então.

Vender drogas ilegais é obviamente errado, porém vender substâncias inebriantes, como as bebidas alcoólicas, é comum na maioria dos países. Isso levanta um problema semelhante ao que se refere à carne – a questão da liberdade. As tentativas de proibir a venda de bebidas alcoólicas nunca funcionaram e fizeram surgir um mercado negro. Esses problemas têm que ser solucionados por meio da educação dos consumidores e não pela proibição das vendas.

Levando em conta essas restrições, aquele que age com boas intenções, a Visão e a Conduta Corretas tende a ganhar seu sustento da forma certa.

AS SEIS PERFEIÇÕES

As Seis Perfeições – comumente expressadas como generosidade, disciplina ética, paciência, esforço entusiasmado, concentração e sabedoria – são de evidente valor para todos os indivíduos, não apenas para os líderes. Mas o líder que possui essas características tem uma capacidade ímpar de afetar profundamente as outras pessoas.

GENEROSIDADE

A causa de muitos escândalos no mundo empresarial é a ganância dos que estão no poder, a avidez por dinheiro e prestígio, o que é exatamente o oposto da generosidade. Embora o bom desempenho do presidente seja essencial para o sucesso da empresa, os resultados efetivos são obtidos pela colaboração de todos os que fazem parte da organização. O líder que quer ficar com todo o mérito destrói a motivação das outras pessoas. Um dirigente deve ser muito generoso no reconhecimento dos méritos a quem de direito. A maioria dos líderes de organizações bem-sucedidas compõe-se, de fato, de pessoas modestas, que atribuem os bons resultados a suas equipes.

A generosidade deve combinar-se com a sabedoria. Ser generoso apenas na solução de problemas de curto prazo não é aceitável. A generosidade deve considerar os efeitos a curto e a longo prazos.

DISCIPLINA ÉTICA

Quando penso em disciplina ética, lembro-me do conselho dado a outros governantes por um rei que tinha um sucesso notável na administração de seu reino. Ele explicou da seguinte forma o princípio de seu governo: "A melhor maneira de um dirigente governar seu país é, em primeiro lugar, governar a si mesmo." Por "governar a si mesmo" ele quis dizer resistir à tentação. Quase todos os reis querem ser ricos, admirados, respeitados e bem-sucedidos. A menos que os atos praticados para atingir esses objetivos sejam regidos pelo comedimento moral, os resultados serão problemas no reino. É por isso que nos referimos não apenas a uma "disciplina", mas à "disciplina ética". Não é errado enriquecer se a riqueza for conquistada honestamente e sem prejudicar outras pessoas ou o meio ambiente, mas não é aceitável que o dirigente de uma empresa torne-se riquíssimo enquanto a própria companhia desmorona, fazendo os acionistas perderem suas economias e os trabalhadores, seus empregos.

Isso não quer dizer que a autodisciplina seja fácil de conquistar. Costumo referir-me à disciplina ética como uma "domesticação da mente". Uma mente indisciplinada é como um elefante. Quando lhe é dada a liberdade de sair cometendo erros sem nenhum controle, ela causa uma grande destruição. O problema principal é adquirirmos o controle de nossas motivações e sentimentos negativos, como a ganância, o egoísmo, a raiva, o ódio, a luxúria, o medo, a falta de autoconfiança e a inveja. Podemos entender a natureza da mente como as águas de um lago. Quando a água é agitada (por pensamentos ou sentimentos negativos), a lama do fundo a deixa turva. Passada a tempestade, a lama se deposita e as águas (a mente) tornam a ficar cristalinas. A "tempestade" refere-se ao efeito das motivações e sentimentos nocivos. Antes de qualquer ação, devemos nos livrar de todos os pensamentos negativos, a fim de ficarmos "livres" para responder. Enquanto não aprendermos a disciplinar a mente, teremos dificuldade para exercer essa liberdade.

PACIÊNCIA

A paciência deve ser cultivada. É a única maneira de estarmos preparados para quando surgirem situações provocadoras, como a hostilidade, a crítica ou a decepção. No caso da raiva, o que importa não é a capacidade de reprimi-la, mas a de manter a calma. Isso requer um treinamento da mente, para que se torne paciente e serena.

A paciência deve ser entendida como "paciência justificada". Em alguns casos, há necessidade de uma ação imediata. Decidir se convém ou não exercer a paciência exige uma boa capacidade de julgamento.

ESFORÇO ENTUSIASMADO

Nosso nível de entusiasmo depende de nossa convicção da importância dos objetivos que queremos atingir e de nossa motivação para chegar lá. Ouve-se dizer que "o entusiasmo é contagiante", o que significa que as pessoas têm enormes reservas de energia que podem ser mobilizadas pelo entusiasmo. Ser capaz de incentivar esse entusiasmo é uma característica essencial nos líderes.

CONCENTRAÇÃO

Por "concentração" refiro-me à capacidade de concentrarmos toda a nossa energia mental numa única questão. A maioria das pessoas tem uma concentração muito precária, que salta de uma coisa para outra. Elas perdem um tempo enorme pensando no que deu errado no passado, preocupando-se com o futuro e com problemas com funcionários e familiares. Os líderes não são imunes a isso. No entanto, as pessoas incapazes de se concentrar não conseguem focar sua mente, o que é essencial para aprimorar a qualidade de suas decisões.

SABEDORIA

Sabedoria consiste, essencialmente, em possuir a Visão Correta – a capacidade de enxergar as coisas como realmente são e de reconhecer que nada é permanente. Decidir o que tem de ser feito hoje para salvaguardar o futuro a longo prazo requer a Visão e a Conduta Corretas.

Há 10 anos os diretores de empresas tailandesas enfrentaram uma crise econômica. Vários deles estiveram perto de pedir falência. No entanto, naquela situação, os que eram budistas praticantes notaram que, comparados a colegas de outras companhias, foram capazes de reagir a essa adversidade com um senso maior de serenidade e de deliberação lúcida. Pedimos que dessem sua opinião sobre qual seria a finalidade das empresas. Nenhum respondeu que os objetivos primordiais envolviam o lucro ou a geração de riqueza para seus acionistas. Um gerente, responsável por uma companhia extremamente lucrativa, comentou: "O principal ponto fraco dos administradores do Ocidente é que eles se preocupam demais com o resultado final do balanço de suas empresas. Em todas as minhas negociações, eu me certifico de que meus clientes façam um bom negócio... e nossa empresa também. O lucro é uma consequência."

Esses dirigentes caracterizaram da seguinte maneira as suas habilidades:

- *Maior capacidade de lidar com crises.* Um deles disse que quase todos os empresários de seu setor haviam procurado os bancos para renegociar suas dívidas. Ele fora um dos poucos que não tinham sequer tentado. Admitiu ter ficado preocupadíssimo, mas optou por conversar com seu mestre budista, que lhe disse: "Não entendo nada dos seus problemas, mas, se você se acalmar e meditar, tenho certeza de que encontrará uma solução." À primeira vista, isso talvez parecesse falta de consideração, mas o administrador seguiu o conselho com sucesso.
- *Melhor tomada de decisões.* Os dirigentes disseram que ficaram menos angustiados com a perspectiva de fazer

escolhas erradas e que perceberam que dispunham de um referencial melhor para tomar decisões. Tiveram mais facilidade de se concentrar nos problemas e se tornaram mais autoconfiantes em suas escolhas.

- *Melhor relacionamento com a equipe.* Os dirigentes budistas atribuíram suas boas relações a uma paciência maior ao tratar de controvérsias ou de problemas de relacionamento entre seu pessoal. Relataram que se dispunham a examinar as questões várias vezes, sem se sentirem ameaçados por parecerem indecisos inicialmente.
- *Menos reuniões e melhor implementação das decisões.* Vários presidentes de empresas relataram ter precisado de menos reuniões por haverem aprendido a se dedicar exclusivamente a cada problema. Ouviam os colegas com mais atenção quando as decisões eram tomadas e quando se discutia a execução delas.
- *Maior criatividade.* Kris Yao, diretor de um escritório de arquitetura em Taiwan, deu uma explicação interessante sobre isso. Ele descreveu o aumento de sua criatividade como resultado do treinamento de sua mente: "Antes de iniciar o treino da mente, eu fazia muita questão, como a maioria dos arquitetos, de projetar coisas únicas, diferentes do que os outros estavam fazendo. Tinha a esperança de que, ao verem minhas construções, as pessoas admirassem sua beleza singular e eu me tornasse um arquiteto famoso." Yao tinha acompanhado o Dalai-Lama numa de suas visitas a Taiwan e se inspirou nas ideias budistas. "Deixei de lado aquela ambição e passei a me concentrar no que era melhor para o cliente e para as pessoas que 'viveriam' em cada construção. Percebi que minha criatividade aumentou. Meus clientes estão mais satisfeitos do que antes, e eu também", declarou.

- *Alto nível de entusiasmo com o trabalho.* Todos esses dirigentes mostraram-se entusiasmados com seu trabalho e com os benefícios que julgavam ter obtido, por serem budistas praticantes e por terem treinado a mente. Esse entusiasmo contagiava seu trabalho.

Os executivos dos exemplos anteriores compreenderam e praticaram a Visão e a Conduta Corretas, sem dúvida por terem começado a mudar sistematicamente seus processos de pensamento e as ações resultantes deles. Se examinarmos de perto esses exemplos, veremos que todos os benefícios decorrentes de seus atos se deveram a uma redução dos fatores mentais nocivos. Sua visão de que "o budismo não tem nenhum impacto na ação, a menos que seja praticado" é muito reveladora. O que eles quiseram dizer é que a mudança é cultivada no tempo, quando a pessoa começa a substituir as ações mais precárias por outras melhores. É animador saber que o budismo tem muitos conhecimentos a introduzir nas empresas modernas e na economia global.

Para progredir de fato, a pessoa tem que modificar sua maneira de agir, e a organização em que ela trabalha também tem que mudar. Isso pode ser feito com sucesso ao se aplicarem os princípios da Visão e da Conduta Corretas. A Visão Correta significa que, o tempo todo, o indivíduo se interessa ativamente não apenas por seu bem-estar, mas também pelo dos outros. A Conduta Correta significa que ele aceita o esforço necessário para aplicar os princípios da Visão Correta. Os verdadeiros líderes optam por esse caminho disciplinado a fim de introduzirem essas práticas em seus locais de trabalho.

DANDO AS BOAS-VINDAS AO BEM

Apresentamos a seguir os outros pares de fatores mentais virtuosos e nocivos para que você possa, através da meditação, expulsar os ruins e acolher os bons.

A humildade elimina o orgulho injustificado, a autoestima exagerada, a presunção e a arrogância.

Ter humildade talvez possa parecer o oposto da autoconfiança. Todavia, entre as pessoas que vivenciam um sucesso contínuo, a autoconfiança pode degenerar-se num orgulho injustificado (ou falso). Quando os líderes começam a pensar que todos os seus êxitos se devem a seu próprio brilhantismo e a sua determinação, é porque perderam o senso da humildade e, em vez disso, estão com a autoestima inflada. Esquecem que seu sucesso depende de muitas outras pessoas – e, provavelmente, também de um pouco de sorte. O importante aqui é lembrar que nenhum sucesso é exclusivamente seu e manter a humildade diante dele. As pessoas reconhecem instantaneamente a humildade num líder e a consideram uma característica inspiradora.

A consideração e o interesse ativo pelo bem-estar alheio eliminam a falta de consideração, a mesquinhez e os danos causados aos outros.

Interessar-se pelo bem-estar alheio é muito próximo do conceito geral da Conduta Correta: toda ação que praticamos deve considerar seu efeito sobre os outros. A consideração entra nessa lista porque é um dos fatores virtuosos; entretanto, além de ser uma característica positiva dos líderes, também deve tornar-se um estado de espírito. Qualquer pessoa, mas especialmente os líderes da sociedade, deve considerar, acima de tudo, o bem-estar dos outros ao tomar decisões, independentemente da situação que esteja enfrentando.

A equanimidade...

Equanimidade significa, essencialmente, serenidade de espírito e é um fator mental importantíssimo. Na verdade podemos descrevê-la melhor como uma constância nas emoções; a pessoa equânime é vista como alguém que tem a mente aberta, é serena e sem preconceitos. Frequentemente nos referimos à equanimidade como a ausência de apego aos desejos ou anseios. Imaginemos um líder em quem essa qualidade seja abertamente demonstrada. Embora isso possa não evocar o diretor de empresa dinâmico, retrata uma pessoa em quem se pode confiar – o que constitui, pode-se argumentar, a qualidade mais essencial da liderança.

... elimina a ânsia de poder, riqueza e fama...

Não há nada de errado em desejar a riqueza, se ela for obtida de forma honrada, nem a fama, quando a pessoa faz uma contribuição positiva. Desapego e desejo são palavras que podem ser facilmente mal interpretadas. Por exemplo, quando é usado para atingir um estado mental virtuoso, o desejo é positivo, mas é negativo quando se refere a desejar a riqueza. Para nos referirmos ao aspecto negativo do desejo usamos a palavra "ânsia", que diz respeito à pessoa movida por um desejo insaciável de riqueza ou fama. Como sempre existem pessoas mais famosas e mais ricas, quem é movido por essa ânsia nunca será feliz. Pior ainda é que as pessoas com essa ânsia tendem a buscar atalhos para atingir seus objetivos, o que inclui prejudicar os outros e desrespeitar a lei. Quem não controla suas ânsias torna-se escravo desse sentimento nocivo.

... elimina a tristeza ou a preocupação quando os objetivos não são alcançados ou quando se sofre uma decepção...

É natural que os líderes se preocupem quando um de seus melhores colaboradores vai embora, quando descobrem que a empresa fechou acordos de preços sem que eles soubessem ou quando a companhia registra prejuízos em vez de lucros. A preocupação, no entanto, é um desperdício de energia. Não resolve nada. Não é fácil nos livrarmos das preocupações, mas refletir sobre como são inúteis e afastar o sentimento tão logo ele se manifeste, sem reprimi-lo com violência, acaba levando à equanimidade.

... e elimina também o ódio, a raiva, a ira, o ressentimento, o rancor, a inveja e o ciúme.

A raiva, o ódio e o ressentimento podem ser muito intensos. Esses sentimentos são improdutivos, desperdiçam energia, podem causar sofrimento e levar à distração. O método para eliminar essas energias que nos fazem perder tempo é o mesmo para acabar com a preocupação. Usando a meditação e considerando a inutilidade dessas emoções, pode-se superá-las e atingir o estado desejado de equanimidade ou um sentimento de compostura e serenidade mental.

O sentimento de vergonha elimina o descaramento.
A vergonha pode parecer um elemento estranho nesta lista, já que frequentemente pensamos nela como algo negativo. Às vezes as pessoas cometem erros, o que é inevitável. Considero a vergonha positiva quando ela

leva a uma ação corretiva. A falta de vergonha é perigosa, pois significa que a pessoa é desprovida de padrões morais mínimos. Nesse contexto, entretanto, a culpa é menos útil do que a vergonha. A culpa parece ser algo permanente, sobre o qual nada pode ser feito. Por esse ponto de vista, é nociva. Mais vale transformá-la em vergonha, que, por sua vez, leva a uma ação corretiva. Os budistas creem que as más ações têm consequências negativas inevitáveis na pessoa que as comete. A única maneira de reduzi-las é compensando-as com boas ações.

A bondade elimina a indiferença, a hostilidade, a irritabilidade, o mau humor e a antipatia.

Os budistas acreditam que há em todas as pessoas um núcleo virtuoso ou puro e que, ao lhe oferecermos bondade e amizade, a hostilidade diminui. Ao serem confrontados com os sentimentos negativos de hostilidade e indiferença, os líderes devem tentar remediar essa situação com bondade. É o líder, e somente ele, que é capaz de introduzir e implementar com êxito esses conceitos em sua organização.

O vigor substitui o embotamento mental ou a preguiça.

Lutar pelo vigor não tende a ser um problema para os líderes, visto que é preciso um alto nível de energia para lidar com as exigências de sua pesada carga de trabalho. Sem vigor, o executivo não pode ter sucesso. Entretanto, para que a empresa seja bem-sucedida, essa energia deve espalhar-se para todos os seus funcionários, em todos os níveis. Para os líderes, é um desafio descobrir a melhor maneira de promover isso por meio do exemplo e de outras políticas específicas.

A receptividade e a mente aberta eliminam o fanatismo e a confiança cega.

A flexibilidade, ou ter a mente aberta, é muito importante. O mundo empresarial necessita cada vez mais de flexibilidade, tanto para conservar os bons funcionários quanto para tomar decisões empresariais que envolvam discussões entre muitas pessoas. O líder deve tomar cuidado para que nem ele nem a organização adquiram traços de fanatismo. O administrador deve inspirar confiança nos objetivos da companhia e se certificar de que os valores da empresa sejam respeitados por todos.

RESUMO DOS PRINCÍPIOS DO BUDISMO

Um dos benefícios de compreender os princípios budistas é reforçar sua habilidade de identificar as causas de um problema e, por meio da criatividade, encontrar soluções alternativas. A tabela a seguir resume 35 princípios. Quando enfrento um desafio, procuro na tabela quais princípios geram insights e estimulam minha criatividade.

1. VISÃO CORRETA — só é relevante se leva à ação.
   2. A decisão deve ter a intenção certa. O que eu quero realizar?
      3. Os efeitos da decisão devem ser benéficos para o eu e para os outros.
      4. Não tomar decisões levando em conta apenas o benefício próprio.
      5. Não causar danos. Se a decisão beneficia alguns e prejudica outros, analise a situação mais detalhadamente.

6. Impermanência. Tudo o que "existe" é o processo. 7. Interconectividade. 8. Causas e efeitos. Passado e futuro.	Tudo é interdependente.

   9. Encare a realidade. Veja as coisas como realmente são.
   10. Atenção vigilante. Consciência dos próprios sentimentos e dos outros.
   11. Treinamento da mente para que permaneça serena, lúcida e concentrada em todas as circunstâncias.

12. CONDUTA CORRETA — fazer o que é certo.
   13. Agir sem demora e sem medo, de acordo com a Visão Correta.
   14. Verificar se os efeitos planejados foram obtidos.

---

15. AS SEIS PERFEIÇÕES
   16. Generosidade
   17. Disciplina ética
   18. Paciência
   19. Esforço entusiasmado
   20. Concentração
   21. Sabedoria

22. CRIATIVIDADE
   23. Visão holística
   24. Coerência
   25. Muitas perspectivas válidas
   26. Trocar o eu pelos outros
   27. Ouvir com toda a atenção
   28. Encarar as críticas como um aprendizado

---

29. CAUSAS DE PROBLEMAS
   30. Egocentrismo
   31. Ignorância
   32. Sentimentos negativos

33. AUTOCONFIANÇA — o maior tesouro que uma pessoa pode ter.

34. DISCERNIMENTO — habilidade de julgar que ações levarão a resultados positivos no longo prazo.

35. SOLICITUDE — atenção à sua intenção e aos resultados de suas ações.

CAPÍTULO TRÊS

TREINANDO A PRÓPRIA MENTE

Aplicar os princípios da Visão e da Conduta Corretas é um grande desafio. Somente os líderes muito talentosos serão capazes de fazer isso perfeitamente sem um treinamento mental.

Treinei minha mente desde que era muito jovem. Ainda continuo a fazê-lo todos os dias, durante várias horas, esteja viajando ou em casa. Minha experiência diz que treinar a mente torna-se um hábito, como fazer as refeições.

A boa notícia é que você pode progredir com um investimento muito modesto de tempo. Atingir a perfeição está além das possibilidades de quase todos, por isso a ideia principal é buscar um progresso contínuo.

Os desafios enfrentados pelos líderes e o número de decisões potencialmente difíceis a serem tomadas dentro de um prazo restrito podem ser assustadores. O objetivo de treinar a mente é assegurar que ela se mantenha serena, lúcida e concentrada em todas as circunstâncias. Outra finalidade é tornar-se capaz de analisar as decisões com rapidez e por muitas perspectivas. Isso requer uma mente aberta e flexível; uma mente fechada e rígida não serve.

Podemos comparar a mente não treinada a um macaco que pula de galho em galho, passando de um assunto a outro, sem concentração. Quando a mente é agitada pela raiva, ciúme, inveja, ódio, impaciência, medo, falta de autoconfiança, ou quando se perturba com coisas negativas ocorridas no passado, ela desperdiça um tempo valioso de reflexão. Esses pensamentos e sentimentos negativos consomem um tempo que deveria ser usado para pensar de maneira construtiva. O objetivo de treinar a mente é maximizar seu poder e concentrá-la nas decisões que importam.

Para os que estão mais familiarizados com a psicologia ocidental do que com a filosofia oriental, o processo de treinar a mente às vezes também é chamado de "condicionamento", o que significa que o comportamento torna-se dependente de um evento ocorrido no ambiente. Por exemplo, se você se aborrece e assume uma postura defensiva tão logo recebe uma crítica, pode condicionar-se a, em vez de agir assim, escutar com atenção e analisar se há alguma coisa a ser aprendida com a situação. Suas ações dependerão da conclusão a que você chegar. Assim, a reação automática de adotar uma postura defensiva ao receber críticas é substituída pela reação de ouvir com a mente aberta. Em outras palavras, o condicionamento da mente modifica sua reação automática à crítica.

Ao longo de centenas de anos os budistas elaboraram diversos exercícios para treinar a mente. Mais à frente neste capítulo apresentaremos sete exercícios, numa escala de complexidade crescente que as pessoas comuns, que não são especialistas nem budistas, podem praticar. Antes disso quero reexaminar várias perguntas que costumam ser feitas a respeito do treinamento mental.

COMO É POSSIVEL ARRANJAR TEMPO PARA MEDITAR?

Qualquer pessoa, até mesmo um executivo atarefado, é capaz de reservar cinco minutos diários para fazer os exercícios mentais apresentados neste capítulo. Há muitas maneiras de encontrar tempo para praticar. Todos os atrasos da vida empresarial — como o tempo de espera no aeroporto ou enquanto o táxi não chega, por exemplo — são oportunidades para incorporar o exercício no cotidiano. Em vez de se irritar, considere essas ocasiões como excelentes oportunidades para treinar a mente.

Eu costumava ficar muito incomodado quando tinha que esperar. Se chegasse ao aeroporto e visse que havia longas filas, imediatamente ficava nervoso. Depois de entrar numa fila, ficava imaginando se não deveria ter escolhido a outra, que estava andando mais depressa. Acabei concluindo que meu comportamento era inútil e passei a encarar a situação de outra maneira. Agora, quando vejo uma longa fila, penso nela como uma oportunidade perfeita para treinar a mente.

Lembre-se de que pequenos intervalos de cinco minutos, apesar de não serem períodos ideais para a meditação, ainda têm seu valor. Muitos executivos budistas encontram maneiras de incorporar a meditação ao seu dia a dia no trabalho. Ela não precisa atrapalhar o fluxo das atividades, pelo contrário, pode ser introduzida quando momentos de calma ou clareza se fizerem necessários.

A PESSOA DEVE TREINAR SOZINHA OU COM UM MESTRE?

Buscar um mestre qualificado é um passo importante na vida espiritual.[1] Contudo, antes de aceitar alguém como seu mestre, você deve examinar rigorosamente essa pessoa. No Tibete, dizemos: "Não aja como um cão ao encontrar um pedaço de carne." Primeiro você deve observar o mestre, não apenas escolher alguém que tenha um título importante e grande influência. Ele será seu guia no caminho espiritual e, portanto, deve praticar o que ensina. A verdadeira orientação só pode ser fornecida a partir da experiência pessoal, e não com base na mera compreensão intelectual. O mestre deve ao menos ser gentil e ter o controle de sua própria mente, porque o verdadeiro objetivo de adotar alguém como orientador espiritual é justamente aprender a controlar a mente. Deve ser alguém capaz de responder diretamente às perguntas de seu discípulo e ajudá-lo a esclarecer suas dúvidas.

Quando você tiver aceitado alguém como seu mestre, é essencial cultivar um sentimento adequado de confiança, respeito e obediência pelas instruções dele. É importante deixar claro que confiança e respeito não implicam uma fé cega. Buda explicava que o discípulo deve prestar atenção às instruções virtuosas do mestre, mas desconsiderar as "nocivas". Assinalava a importância de as pessoas serem céticas em relação aos ensinamentos de seus professores. Buda, o maior de todos os mestres, dizia a seus discípulos:

Assim como as pessoas testam a pureza do ouro, queimando-o no fogo, cortando-o e examinando-o com uma pedra de toque, exatamente assim é que deveis agir: aceitai minhas palavras depois de submetê-las a um teste crítico, e não por reverência a mim.

Há duas maneiras de nos aproximarmos dos ensinamentos budistas: a inteligente e a não inteligente. A maneira inteligente é abordar as escrituras e seus comentários com ceticismo e a mente aberta e procurar relacioná-los com nossa própria experiência e compreensão. Um estudante desse tipo não seguirá um ensinamento ou um texto pelo fato de eles serem atribuídos a um mestre famoso. Em vez disso, a validade do conteúdo será julgada com base na compreensão do próprio aluno, depois de investigação e análise pessoais. A maneira inteligente pode ser explicada da seguinte forma: "Confie na mensagem do mestre, não em sua pessoa. Confie no significado, não apenas nas palavras."

Você pode praticar as técnicas de caminhada, respiração e recitação de mantras descritas no fim deste capítulo sem a orientação de um professor. A meditação estabilizadora e a meditação analítica são mais difíceis. Tentei por conta própria, estudando textos e até comprando um CD, mas não funcionou. Quando participei de um retiro na Tailândia constatei que aprender em grupo facilitava as coisas. De certo modo isso foi surpreendente, porque passei uma semana inteira sem falar com nenhum dos participantes. No entanto, sentar no chão de uma sala com muitas outras pessoas, todas tentando meditar, deu-me mais força. O fato de ter passado uma semana inteira aprendendo algo e de só falar com monges durante 15 minutos por dia também surtiu um efeito positivo.

Aprender essas técnicas exige paciência. Progredir um pouco é relativamente fácil, mas tornar-se efetivamente proficiente na meditação estabilizadora e na meditação analítica leva muitos anos.

O EFEITO DA MEDITAÇÃO NO CÉREBRO

Estudos recentes revelaram alguns fatos muito interessantes a respeito de como o cérebro se modifica em decorrência da meditação.[2] Até a década de 1990 acreditava-se que o número de neurônios era constante. Agora ficou provado que o cérebro gera novos neurônios quando uma ação é repetida diversas vezes ou quando a pessoa aprende algo novo. Por exemplo, a parte do cérebro que dá instruções aos dedos torna-se maior nos pianistas.

Já se sabe há algum tempo que a atividade cerebral de uma pessoa deprimida exibe um padrão diferente do observado numa pessoa feliz. Esses estados cerebrais podem ser determinados por meio do mapeamento com o EEG (eletroencefalograma), processo que consiste em colocar no crânio um grande número de eletrodos que medem a atividade cerebral. A partir desses estudos, constatou-se que a felicidade está associada a um alto nível de atividade no lobo frontal esquerdo (a parte do córtex cerebral situada diretamente atrás do córtex), ao passo que a pessoa deprimida exibe atividade na amígdala dos lobos temporais médios, a qual desempenha um papel importante na motivação e no comportamento afetivo. A diferença de atividade no lobo frontal esquerdo e na amígdala determina, em grande parte, se a pessoa é feliz ou dada a preocupações.

O primeiro experimento envolvendo a meditação foi realizado com um monge tibetano que meditava havia mais de 30 anos. O centro que conduziu a pesquisa comparou os mapas cerebrais de 175 pessoas que nunca haviam meditado com o mapa cerebral do monge. O escore de assimetria pré-frontal do monge (que mede a atividade do lobo frontal) foi maior do que a pontuação mais elevada obtida entre as outras 175 pessoas examinadas. Foi um começo promissor para os efeitos da meditação! Entretanto, surgiu a questão de saber se esse monge seria um caso isolado.

O experimento seguinte foi feito com funcionários de um laboratório de biotecnologia. Essas pessoas viviam sob considerável pressão, desenvolvendo drogas farmacêuticas para uso comercial. Desse grupo, foram inscritos no projeto apenas aqueles que se interessavam por aprender mais sobre a meditação. Todos esses voluntários viajaram para a Universidade de Massachusetts, onde seus cérebros foram mapeados por um EEG. Em seguida, o grupo foi dividido em dois. Os integrantes de uma das metades foram informados de que teriam de esperar pelos exercícios de meditação, porque o grande número de participantes tornou necessária a formação de dois subgrupos. Isso não era verdade, mas foi feito para permitir a comparação entre os EEGs da metade que fizera os exercícios de meditação e os da que não os fizera.

O programa de meditação durou 10 semanas. Uma vez por semana, um mestre profissional realizava sessões de duas a três horas e pedia que os participantes meditassem durante 45 minutos, todos os dias, no intervalo entre as sessões. Ao final do período de 10 semanas foi realizado um retiro de um dia. Então todos os exames de EEG foram repetidos. O grupo que fez a meditação exibiu um aumento significativo da atividade do lobo frontal esquerdo, comparado ao início do programa e ao grupo que aguardava para iniciar o treinamento na meditação. Os participantes também relataram que seu nível de ansiedade havia diminuído, assim como os sentimentos negativos.

Os membros de ambos os grupos receberam uma vacina para gripe depois de concluído o programa. Mediante um exame de sangue realizado em seguida foi possível verificar se a meditação havia surtido algum efeito no sistema imunológico. A análise laboratorial mostrou que o grupo que fizera os exercícios teve uma reação imunológica mais forte à vacina. Isso não foi uma surpresa completa, pois já era sabido que a atividade intensa do lobo frontal esquerdo prevê que o sistema imunológico reaja melhor às vacinas, convertendo-as em mais anticorpos contra as doenças.

Outras pesquisas realizadas em Harvard mostraram resultados similarmente espantosos:

Uma professora da Faculdade de Medicina de Harvard, chamada Sara Lazar, mapeou o cérebro de 20 pessoas que meditavam 40 minutos por dia. Não se tratava de monges budistas, mas apenas de pessoas co-

muns com uma longa história de meditação. Ao comparar as imagens cerebrais delas com as de pessoas que não meditavam, num grupo de idade e antecedentes similares, a pesquisadora constatou uma diferença altamente significativa. Os que meditavam tinham o tecido cerebral 5% mais espesso nas partes do córtex pré-frontal envolvidas no processo de meditação — ou seja, as partes que lidam com a regulação das emoções, a atenção e a memória de trabalho, todas as quais ajudam a controlar a tensão.[3]

COMECE DE MANEIRA SIMPLES

Participei de um retiro de 10 dias na Tailândia. Os exercícios consistiam tanto em meditações feitas com a pessoa sentada quanto caminhando, combinadas com o treino da atenção vigilante, ou melhor, o treino da atenção vigilante era inerente a essas duas formas de meditação. Após três dias de aulas iniciou-se o retiro de uma semana, durante o qual as únicas atividades foram andar e ficar sentado. Em contraste com meu dia a dia, achei extraordinário não conversar ou sequer fazer contato visual com nenhum dos participantes durante uma semana inteira. Mas logo aprendi que é essa falta de distrações externas que produz uma espécie de foco sereno. Ensinaram-me a alternar as meditações caminhando e sentado ao longo de todos os dias. Desde então acrescentei as outras técnicas de meditação e pratico quase diariamente. As pessoas me dizem que me tornei mais calmo e mais agradável de lidar.

Ao ler sobre esses exercícios, talvez você sinta um certo desânimo, já que é impossível fazer todos de uma vez. Recomendo que comece pelos mais simples e gaste apenas alguns minutos por dia com eles. Se gostar da experiência, aumente o tempo aos poucos e acrescente mais exercícios. Quando chegar a um ponto em que queira progredir mais depressa, considere a possibilidade de passar uma semana num retiro, como fez Laurens.

TÉCNICAS SIMPLES PARA LÍDERES ATAREFADOS

Meditar caminhando

Meditar caminhando talvez seja a forma de meditação mais simples que se pode tentar, particularmente para os ocidentais, que vivem correndo. Seu objetivo é desenvolver a atenção vigilante e a concentração. "Atenção vigilante" refere-se à capacidade de perceber quando as emoções e os pensamentos tornam-se ativos no cérebro. Por exemplo, ao ser criticado, você nota que, em vez de escutar atentamente, começa a pensar coisas como "isto é desagradável", "preciso me defender" ou "não gosto dessa pessoa". Além de notar quando começa um pensamento ou um sentimento, a atenção vigilante significa que você desenvolve a capacidade de "abandonar" o sentimento ou interromper o pensamento. Isso deve ser feito serenamente, não pela tentativa de reprimi-los. A instrução é: "observe e abandone."

Meditar caminhando é meditar em ação. Ao praticarmos essa técnica, usamos o ato físico do corpo para nos dar maior consciência. Nosso único foco passa a ser o ato de colocar um pé à frente do outro.

A maneira correta de andar é fazê-lo de modo uniforme e natural. Ande com o corpo *e* a mente. Em outras palavras, enquanto seu corpo caminha, deixe que sua mente também conscientize-se da caminhada, em vez de permitir que ela siga seu curso natural, que é deter-se num problema ou numa ideia. Enquanto seu corpo anda, sua mente não deve pensar no passado nem no futuro. Se você perceber que começou a divagar, traga a mente de volta para o ato físico de caminhar, sinta a natureza rítmica de seus passos. Deixe que haja uma atenção vigilante, uma consciência clara e uma total concentração em seu corpo em movimento. Quando tiver encontrado um ritmo, siga as orientações a seguir para observar seu corpo e sua mente:

- *Observe seu corpo*. Isso é feito concentrando a atenção nos pés, observando seus movimentos e sua posição, como ao andar muito devagar. Treine a mente para se conscientizar dos passos – esquerda, direita, esquerda, direita e assim por diante – e lembre-se continuamente de manter a atenção voltada para isso.
- *Observe sua mente*. Fique atento para a atividade de sua mente. Quando surgir uma ideia, observe se é agradável, desagradável ou de teor neutro, mas não relacione a ela nenhum sentimento. Largue-a e torne a voltar a atenção para seus movimentos físicos.

Meditar caminhando é uma excelente maneira de desenvolver a capacidade de introduzir a percepção consciente em nossa vida. Para a maioria de nós, é o método mais fácil para cultivar a atenção vigilante e pode ser incorporado ao dia a dia sem grande perturbação. Incentivo todas as pessoas a experimentarem primeiro esse método de meditação, principalmente porque ele não requer muita mudança comportamental; você pode aumentar seus períodos de prática durante o dia aos poucos, enquanto cuida de suas tarefas.

Acrescentando palavras e a respiração ao ato de meditar caminhando

Quando treinei na Tailândia, achei muito difícil fazer minha mente parar de divagar. Meu mestre me disse que, se eu me movesse com lentidão, provavelmente me sairia melhor. Tentei e fiz algum progresso. Mais tarde acrescentei algumas ideias de David Bohm, um físico quântico que deu importantes contribuições nos campos da física teórica, da filosofia e da neuropsicologia. Ele era um dos professores de física do Dalai-Lama.

Bohm observou que, quando dizemos uma palavra,

como “mesa”, nossa mente ativa o conceito de mesa. Se ouvimos “olhe para a mesa”, as palavras também acionam nossos olhos, que obedecem à ordem. Pode-se aplicar este princípio à meditação pronunciando palavras que correspondam aos movimentos envolvidos na caminhada. Por exemplo, diga “mexa-se” imediatamente antes de mover o pé. Com a respiração, o melhor método é pronunciar números. Por exemplo, diga “um” ao inspirar e “dois” ao expirar.

Eu começo dizendo a palavra (em voz alta ou apenas mentalmente) e quase ao mesmo tempo inicio o movimento. Partindo de uma posição de equilíbrio, com o peso distribuído igualmente sobre as duas pernas, digo “peso” e o transfiro todo para a perna direita. Em seguida digo “calcanhar” e levanto o calcanhar esquerdo, com a parte da frente do pé ainda tocando o chão. Então digo “ande” e movo o pé esquerdo para a frente; depois, “pise” e toco o chão com a parte da frente do pé esquerdo. Finalmente, volto a dizer “calcanhar” e o coloco no chão. Depois começo tudo novamente para o pé direito.

Você vai perceber que, mesmo com esses comandos muito curtos, vai andar bem devagar. Também pode notar que perderá o equilíbrio se não se concentrar ao mesmo tempo nos comandos e nos movimentos correspondentes. Quando terminar a caminhada, distribua o peso sobre as duas pernas e respire fundo quatro vezes, lentamente, contando de um a oito.

Uma vez que tenha aprendido a sincronizar as palavras e os movimentos, você poderá acrescentar um padrão regular de respiração enquanto estiver caminhando. Inspire ao levantar o calcanhar e comece a expirar quando a parte da frente do pé tocar o chão, até levantar o outro calcanhar e voltar a inspirar.

Meditar sentado

O propósito da meditação sentada é o mesmo da que se pratica caminhando, com a concentração na respiração, em vez de no movimento dos pés. Ao meditarmos sentados, temos uma propensão maior a nos desligarmos das distrações externas e a nos concentrarmos no processo de meditação.

Sente-se de pernas cruzadas no chão ou então escolha uma cadeira firme. O importante é certificar-se de que suas costas fiquem eretas e de que você não se apoie em nada, o que resultaria num conforto excessivo e levaria à sonolência. Não importa a postura que você usa; o importante é que se sente de maneira cômoda e estável. As costas eretas e sem apoio lhe permitirão ficar sentado confortavelmente por um longo período, sem fazer grande esforço para se equilibrar. Isso é para impedir que você se preocupe com o corpo, porque o desenvolvimento da mente através da meditação calma e reflexiva é um processo sutil.

Respire profunda e lentamente. Inspire fundo, enchendo completamente os pulmões, empertigue o corpo e expire bem devagar. Faça isso 24 vezes e volte à sua respiração normal. Tome consciência de seu corpo sentado, da inspiração e da expiração. Se perceber que sua mente se perde em outros pensamentos, abandone-os imediatamente e volte a se concentrar em sua respiração. Meditar sentado requer um pouquinho mais de preparação do que meditar caminhando, e, por essa razão, também pode trazer resultados mais profundos.

No começo, minha experiência com esse exercício foi considerá-lo mais difícil do que meditar caminhando. Achei mais fácil concentrar-me na movimentação dos pés do que na respiração, o que é um componente essencial da meditação sentada. O objetivo dos dois métodos é o mesmo — adquirir controle do fluxo de pensamentos e emoções —, mas a passividade e a imobilidade exigidas na meditação sentada (para não falar na posição das pernas cruzadas!) são um desafio físico maior.

Ambas as técnicas de meditação ajudarão você a adquirir maior controle dos sentimentos negativos, a reduzir o tempo em que sua mente divaga e a melhorar a concentração. Mas esses resultados não virão de imediato, nem mesmo após as primeiras sessões. Como acontece com todas as formas de meditação, o segredo é a prática contínua.

Meditação estabilizadora

A meditação estabilizadora consiste em dar foco à mente, concentrando-se num único objeto: uma flor, uma cor, uma caneta, uma pedrinha, uma ideia ou um conceito. Alguns praticantes acham melhor manter os olhos fechados, enquanto para outros é mais eficaz praticar a meditação de olhos abertos.

Quando sua mente estiver focada no objeto, ela deverá relaxar. No entanto, se relaxar demais, você corre o risco de se perder em pensamentos ou de ficar sonolento. Você deve ter um certo grau de intensidade ao manter o foco único, como se sua mente se fundisse com o objeto escolhido. Essa combinação incomum de intensidade e um estado relaxado de alerta é essencial. A imagem deve ser clara e estável.

Anant Asavabhokin, presidente da Land and Houses Ltd., na Tailândia, explicou-me que escolhe uma bela imagem de montanha, do mar ou de uma paisagem e se concentra nela.

Ao final de uma sessão de duas semanas com o Dalai-Lama, ele me presenteou com uma estátua maravilhosa de Buda, que mantenho sobre minha mesa de trabalho. Quando faço a meditação estabilizadora, procuro me lembrar da estátua em seus mínimos detalhes. De acordo com as instruções budistas, deve-se tentar ver o objeto mentalmente, da maneira mais vívida e luminosa possível. Para mim, isso tem sido bastante difícil, mas, quando consigo, tenho uma sensação de paz.

Meditação analítica

O propósito da meditação analítica é reforçar a capacidade de examinar um assunto por muitas perspectivas diferentes e se concentrar nele pelo tempo que se quiser. Na meditação analítica, usamos as habilidades de raciocínio[4] e promovemos a mudança interna pela investigação e análise sistemáticas. Desse modo, podemos usar adequadamente nossa inteligência humana – capacidade de raciocínio e análise – para que ela contribua para nosso nível de compreensão e satisfação com a vida. Devo assinalar que a diferença entre a meditação estabilizadora e a analítica não está no tipo de assunto ou objeto. A diferença está em como a mente é orientada.

Tomemos, por exemplo, um sentimento negativo como a raiva. Comece refletindo sobre os efeitos destrutivos dela em sua saúde física e seus relacionamentos afetivos. Você deve analisar e refletir sobre isso não apenas uma ou duas vezes, mas repetidamente, até que se torne parte de sua compreensão mais profunda. Quando atingir essa compreensão, suponha que alguém magoe você. Sua reação imediata é ficar com raiva. Quando esse sentimento surge, graças à sua meditação, você se recorda de sua natureza destrutiva, o que imediatamente o deixa mais consciente de como é indesejável ceder a ele e permitir que se intensifique em seu íntimo, levando-o a perder o controle sobre sua mente.

Isso não significa que você não deva fazer algo quando alguém tenta feri-lo. Ao contrário, deve tomar medidas que previnam danos a você e a terceiros, inclusive medidas drásticas. Mas praticar esse tipo de meditação pode ajudar a atenuar a intensidade de sua raiva, que pode ter efeitos destrutivos, e lhe permitir reagir à situação sem sentir ódio.

Talvez no passado você tenha cometido atos nocivos dos quais se arrependa, mas eles não o transformam numa pessoa permanentemente má. Você pode aprender a separar os atos nocivos de alguém dessa pessoa como um todo. Lembre-se de que talvez estivessem em ação outros fatores dos quais você não tem conhecimento e que podem tê-la levado a agir daquela forma. Com a prática, você também pode analisar a situação por uma perspectiva mais ampla e até tentar descobrir se esse ato nocivo ou essa situação difícil podem ser usados para favorecer seu crescimento espiritual, encarados como uma oportunidade para você se tornar mais forte.

Outro exemplo de meditação analítica é desenvolver a gratidão pelos esforços e pela bondade dos outros. Meditar sobre o valor da bondade é um esforço que vale a pena. Dependemos inteiramente dos outros para sobreviver: para obter alimentos, comprar roupas e conseguir moradia. Talvez você pense "eu paguei por tudo isso", mas esse dinheiro não veio do nada; foi recebido de alguém. Então pode lhe ocorrer a seguinte ideia: "Sim, tudo isso é verdade, mas os outros não me ajudaram deliberadamente. Fizeram isso como um subproduto de seus esforços para sobreviver." É verdade. Mas eu prezo muitas coisas que não retribuem meu interesse. Por exemplo, se meu relógio caísse no chão e quebrasse, eu sofreria uma perda. Isso não significa que o relógio tenha algum sentimento por mim. Ele me é útil, e por isso lhe dou importância. Do mesmo modo, todas aquelas pessoas podem não ter feito nada por nós deliberadamente, mas, como seu trabalho nos é útil, devemos reconhecer sua contribuição. Dependemos da contribuição e dos esforços delas para nossa própria sobrevivência. Pensar dessa maneira levará você a mudar de atitude.

Portanto, a meditação analítica pode ser aplicada a qualquer conceito do qual você queira obter uma compreensão mais profunda. Por exemplo, se quisesse compreender melhor um conceito difícil como "impermanência", você faria dele o foco de sua meditação e o examinaria tal como aplicado aos seres vivos, às coisas inanimadas e aos aspectos da vida a curto e a longo prazos. Analisaria o conceito em relação a diferentes fenômenos, nos mundos da ciência, da música, dos negócios e até da felicidade.[5] Depois de tal exame seu conhecimento se tornaria mais profundo.

Exercícios de visualização

Os exercícios de visualização envolvem um controle mais avançado da mente. Esse tipo de meditação pede que você se imagine transformando-se em alguma outra coisa, e seu objetivo, para os não budistas, é acalmar a mente. Aqui está apenas um exemplo de como proceder.[6]

Imagine que você tem três canais no corpo. O canal central é um tubo transparente, com aproximadamente o mesmo diâmetro de seu dedo mínimo, que desce reto pelo centro de seu corpo, desde o topo da cabeça até a base da espinha. Os canais da direita e da esquerda também são tubos transparentes, porém mais estreitos do que o central. Eles correm de suas narinas até o alto da cabeça, onde se curvam como um cabo de guarda-chuva e descem paralelamente à espinha, junto com o canal central, até pouco abaixo do umbigo, onde se juntam a ele.

Depois de visualizar esses três canais, primeiro inspire pela narina esquerda, imaginando que o ar flui para o alto de sua cabeça e continua a descer pelo canal esquerdo até a altura do umbigo, onde passa para o canal direito. Então você expira por este último canal, o ar passando pelo alto da cabeça e saindo pela narina direita. Repita o exercício três vezes. Em seguida, faça o mesmo exercício, começando com o ar entrando pela narina direita e saindo pela esquerda. Repita três vezes. Por último, inspire pelas duas narinas ao mesmo tempo, fazendo o ar passar pelo alto da cabeça e descer pelos canais direito e esquerdo até o ponto em que eles se ligam ao canal central. Quando o ar chegar ao canal central, contraia a parte interna da pelve e prenda a respiração. Assim que deixar de se sentir confortável, expire naturalmente, mas visualize que, em vez de sair, o ar se dissolve dentro do canal central. Faça isso três vezes.

Na primeira vez que li como fazer esse exercício, minha reação foi a de que ele era um completo absurdo. Sendo cético por natureza, levei algum tempo para resolver tentá-lo.

Buda ensina que não se deve acreditar em nada até que se experimente pessoalmente e se faça uma ampla verificação, baseada na própria experiência. Uma das descrições mais úteis dessa atitude foi apresentada por Piet Hut, em seu artigo "Life as a Laboratory" (A vida como um laboratório).[7] Astrofísico e professor da Universidade de Princeton, Hut escreveu:

Após décadas durante as quais foi extremamente impopular até mesmo mencionar a palavra "religião" entre cientistas, vi muitos colegas "saírem do armário", como eu mesmo fiz, frequentarem reuniões e escreverem artigos sobre o tema geral da ciência e das experiências humanas vivenciadas a fundo, com uma pequena concessão à espiritualidade. Comecei a ver a vida como um laboratório, uma oportunidade de examinarmos a nós mesmos e nosso mundo.

Achei que a visão de Hut realmente fazia sentido e resolvi experimentar a visualização. Quando retornei da

Índia, depois de viver duas semanas numa barraca com instalações muito rudimentares, minha família esperava que eu estivesse em péssimas condições. Para sua surpresa, eu estava um pouco mais magro, talvez, porém em excelente estado de espírito. A meditação havia surtido o efeito desejado; decerto acalmara minha mente.

Recitação de mantras

Recitar mantras é considerado um tipo mais avançado de meditação, e algumas pessoas não conseguem aprendê-lo com facilidade. Para os não budistas, o objetivo também é tranquilizar a mente. As raízes da palavra "mantra" são *manna*, que significa "mente", e *tra*, que quer dizer "proteção".[8] Os budistas acreditam que recitar um mantra, uma sequência de palavras, pode ajudar a proteger a mente de pensamentos e sentimentos negativos. Também acreditamos que isso é bom para o desenvolvimento espiritual.

Há muitos mantras diferentes para diversas finalidades. Por exemplo, quando alguém está concentrado em desenvolver um bom coração, concentra-se no mantra *Om Mani Padme Hum*. Muitas vezes esse mantra também é recitado quando alguém morre. Por ocasião do falecimento de minha mãe, meu irmão, eu e muitos outros recitamos *Om Mani Padme Hum* mais de 100 mil vezes.

O significado de *Om Mani Padme Hum* é muito inspirador.[9] OM quer dizer corpo, fala e mente. Quando usamos o som OM, isso quer dizer que gostaríamos de desenvolver corpo, fala e mente puros, como os de Buda. A pureza, nesse sentido, refere-se à inexistência de pensamentos e sentimentos negativos e de ações ruins (nocivas). As demais sílabas indicam como fazer essa transição e usar objetos como símbolos. MANI, que significa joia, está relacionada à Conduta Correta, fazer o que é certo, inspirado por uma intenção altruísta. PADME quer dizer lótus.

O lótus é perfeitamente branco, embora nasça na lama. Apresenta uma imagem da mente que é impura (manchada de lama) e que pode tornar-se pura (a flor branca do lótus), assim se relacionando com a Visão Correta. HUM significa indivisível, ou seja, a Visão e a Conduta Corretas devem combinar-se.

Parte II

A LIDERANÇA NA ORGANIZAÇÃO

É tarefa do líder criar uma empresa de coração forte e caloroso e ver as coisas como realmente são.

CAPÍTULO QUATRO

O PROPÓSITO DO LÍDER

Sou chefe do governo tibetano no exílio, e os tibetanos do mundo inteiro sempre me dão uma acolhida muito calorosa. Considero que uma de minhas tarefas mais importantes é lhes inspirar confiança no futuro. Fico surpreso ao ver a força que tem a fé. Embora muitas dessas pessoas vivam em condições miseráveis fora do Tibete, conservaram-se como um povo fiel e alegre.

O líder que inspira fé precisa ser muito cuidadoso, para gerar o tipo correto de fé. Deve ser honesto e não exigir uma confiança cega. Na tradição budista, consideramos essencial combinar a fé com a sabedoria, que, nesse contexto, significa a Visão Correta. Isso implica ver as coisas como realmente são e compreender a impermanência, a interdependência e a originação dependente. A fé precisa de apoio – e esse apoio vem da sabedoria.

O líder sábio examina as causas e efeitos de um objetivo ou evento – se ele é correto, apropriado, verdadeiro ou falso. Quando a fé se mantém sozinha, ela é propensa à falsidade e a erros de julgamento, além de ser facilmente influenciada pela emoção. Sem a sabedoria, podemos acreditar em tudo o que as pessoas nos dizem, independentemente de essas coisas serem certas ou erradas. A fé pode nos dar forças para fazer qualquer coisa, até maldades. Quando ela é muito forte, lembro às pessoas que a coloquem sob o controle da sabedoria, para que se mantenha o equilíbrio adequado.

Por outro lado, a sabedoria sem fé também não é boa, porque

lhe falta força para agir. A sabedoria apoia a fé ao guiá-la numa direção firme e sustentá-la com a perseverança. Essas duas parceiras caminham juntas para atingir o objetivo. É claro que, no fim, a fé é uma questão do indivíduo.

Muitas pessoas acham que não temos os líderes certos, seja nos negócios ou no governo, e sem dúvida temos muitos líderes ruins. Os escândalos do mundo empresarial resultantes disso levam as companhias, como grupo, a terem má reputação. A liderança inadequada no nível dos países resulta na pobreza e na guerra.

Um problema significativo é que as pessoas sentem a injustiça. Nos países prósperos, ela surge como consequência do aumento da desigualdade e de uma insegurança crescente no emprego; e, nos países pobres e em desenvolvimento, as pessoas têm consciência da injustiça social num grau sem precedentes e se ressentem de sua privação e da falta de dignidade. Para elas, os responsáveis por isso são os administradores, tanto os das empresas quanto os dos países.

Outro grande desafio é que os líderes devem ser capazes de lidar com crises. A crescente interdependência tem dois efeitos opostos: por um lado, o sistema pode lidar de maneira mais eficaz com alguns choques, porém, por outro, um pequeno choque em uma área pode ter consequências desastrosas em outras. Podemos usar como exemplo os resultados dos problemas enfrentados pelo mercado imobiliário dos Estados Unidos, no final de 2007, por causa do aumento de financiamentos de alto risco. O fato de as instituições haverem concedido empréstimos a pessoas que não podiam pagá-los e o subsequente agrupamento desses financiamentos em diversos veículos de investimento que depois se tornaram praticamente sem valor, em função do alto volume de execuções de hipotecas, levaram a perdas estimadas em no mínimo 200 bilhões de dólares em grandes instituições financeiras do mundo inteiro. Dada a interdependência de sistemas complexos como esse, o líder deve ter a capacidade de manter a mente serena, lúcida e concentrada durante as crises.

Os desafios têm aumentado em importância e urgência. Para enfrentá-los, os líderes têm que melhorar seu desempenho mental. Seguir a Visão e a Conduta Corretas pode contribuir para isso de forma significativa. Por exemplo, quando as pessoas dentro da empresa se sentem respeitadas, valorizadas e acreditam que as práticas de contratação e promoção baseiam-se no mérito, sem qualquer discriminação, percebem a empresa como justa. O mesmo se aplica aos clientes, quando as organizações demonstram um interesse verdadeiro pelo bem-estar deles e usam práticas comerciais honestas.

Neste capítulo examinaremos a necessidade de o líder estabelecer objetivos claros para a empresa, bem como valores a serem respeitados por todos. Também consideraremos as características que ele deve desenvolver, mostrando as formas eficazes de tomar decisões e lidar com mudanças, e daremos sugestões para a escolha e o treinamento dos líderes.

DEFININDO OS OBJETIVOS DA ORGANIZAÇÃO

Chester Barnard escreveu um livro clássico sobre as tarefas do líder[1] e sua descrição se sustenta até hoje. Para ele, o trabalho do líder é formular e definir objetivos, prover um sistema de comunicação e atrair e conservar pessoas muito competentes, incentivando-as a investir o melhor de seus esforços na realização dos propósitos da empresa.

Isso parece bastante claro. Então, por que tantas pessoas têm dificuldade de compreender a verdadeira liderança? Porque a liderança eficaz requer a capacidade de conquistar confiança — e nem todos têm esse dom. Barnard diz:

A liderança deve inspirar uma tomada de decisões conjunta, gerando confiança: confiança na compreensão comum, na probabilidade de sucesso final, na plena satisfação das motivações pessoais, na integridade dos líderes, na superioridade do objetivo comum da organização como uma meta pessoal de seus membros. Sem a geração de confiança — catalisador pelo qual o sistema vivo dos esforços humanos é habilitado a dar continuidade a suas incessantes trocas de energia e satisfações —, falta vitalidade e a empresa perece. A cooperação, e não a liderança, é o processo criativo, mas a liderança é a condição indispensável de seu sucesso.

Outro elemento essencial da boa liderança é a capacidade de esclarecer os propósitos da organização, o que constitui, muitas vezes, uma tarefa bastante difícil. Sem um objetivo significativo e passível de ser alcançado, entretanto, é quase impossível atingir o moral elevado e a motivação correta na empresa. As pessoas gostam — na verdade precisam — de conhecer o propósito daquilo que fazem.

A importância de ter um objetivo claro foi descrita de maneira muito eficaz por Jim Collins em seu livro *Empresas feitas para vencer.*[2] Collins comparou as empresas "excelentes" a outras dos mesmos setores industriais: as excelentes foram definidas como aquelas com um desempenho muito melhor (medido pelo valor das ações) ao longo de um período de 15 anos. Ele constatou que, muitas vezes, até as empresas excelentes levaram mais de um ano para definir seu objetivo e muitos outros anos para implementá-lo. Na verdade, na maioria dos casos foi preciso que uma equipe competente estivesse plenamente estabelecida na diretoria para que o objetivo pudesse ser implementado de maneira efetiva. Sem líderes que acreditem no objetivo, saibam comunicá-lo, deem o exemplo com seus atos e se certifiquem de que os funcionários trabalhem de acordo com aquele propósito, tal conceito não dá certo.

Em muitas empresas este objetivo é chamado de "missão". Jack Welch, ex-presidente da General Electric, recentemente constatou, para sua surpresa, que, entre os executivos que frequentam seus seminários, 60% não tinham uma declaração de missão e 80% não tinham um conjunto explícito dos valores da empresa. Além disso, ele constatou que muitas declarações de missão não faziam sentido, como "Nossa missão é ser a melhor empresa da indústria", quando comparadas a uma afirmação útil como a do Google: "Organizar as informações mundiais e torná-las universalmente acessíveis e úteis."[3]

AO PERGUNTARMOS ÀS PESSOAS QUAL É SEU OBJETIVO NA VIDA, POUQUÍSSIMAS terão uma resposta clara, embora muitas gostassem de tê-la. Minha resposta a essa questão é muito simples: o propósito da vida é ser feliz. E um objetivo comum – o desejo compartilhado de felicidade – é uma precondição para que as pessoas se identifiquem com uma organização. Quando elas descobrem, depois de ingressarem na empresa, que não gostam de seu objetivo ou que a companhia não tem um propósito claro, se decepcionam e ficam desmotivadas, e as chances de ser feliz estarão perdidas. Quando as pessoas têm clareza dos objetivos de uma empresa transmitidos por uma liderança forte, fazer parte dela contribui para sua felicidade.

ESTABELECENDO VALORES

Além de esclarecer o propósito da organização, uma das principais tarefas e responsabilidades do líder é definir os valores ou princípios a que a direção e os funcionários deverão aderir ao agirem ou tomarem decisões. As declarações desses valores recebem muitos nomes, como princípios gerais de negócio, valores, código de ética, código de conduta ou declaração de responsabilidades empresariais.

Compete claramente aos líderes fomentar a confiança nesse tipo de declaração e agir de acordo com ela. Em vista disso, o estabelecimento dos princípios tem de ser feito sob a orientação direta do presidente, e não delegado a outras pessoas.

Cor Herkströter, ex-presidente da Shell e atual diretor-geral da ING, revelou que esses princípios são imensamente difíceis de formular. Comentou que seu valor aumenta imensamente quando eles "nunca" se modificam. Os princípios que são mudados de ano para ano perdem o valor para os funcionários e, por sua vez, para a empresa. Como ele me disse: "Quando os princípios têm a qualidade certa, as pessoas dizem: 'É isso aí. Eu mesmo poderia ter escrito isso.'"

Herkströter considera essenciais quatro características desses valores:

- Devem ser claros e fáceis de entender.
- Devem ser atraentes para as pessoas que trabalham na empresa.
- Devem ajudar as pessoas a tomarem decisões responsáveis.
- Devem ser significativos em culturas diferentes (no caso de empresas globais).

Uma extensão do código de conduta da empresa é o conceito de "cidadania empresarial", que consiste, essencialmente, na ideia de que a companhia deve agir como um membro responsável da sociedade, exatamente como todos os cidadãos. Muitos nomes diferentes foram dados a esse movimento crescente: desenvolvimento sustentável, responsabilidade social de empresas (RSE) e tripé da sustentabilidade,* para citarmos apenas três.

Seja qual for a denominação, podemos dizer que a cidadania empresarial é a aplicação dos conceitos budistas da Visão e da Conduta Corretas às empresas, em vez de aos indivíduos. Por exemplo, a maioria delas, ao definir seus valores, utiliza a ideia de "partes interessadas". As partes interessadas não são simplesmente os investidores. Quando usada no contexto da cidadania empresarial, essa denominação engloba todos os indivíduos e organizações afetados pelas atitudes da companhia. Isso inclui um círculo interno de funcionários, acionistas, clientes e fornecedores, bem como muitas outras organizações no círculo externo, como ONGs, órgãos governamentais e as comunidades em que a empresa opera. (Costuma-se incluir o meio ambiente nessa definição de partes interessadas, uma vez que certamente é afetado por nossos atos.) Essa definição se enquadra bem no conceito de Conduta Correta.

O Dalai-Lama assim explica sua relevância:

Vários princípios empresariais expostos nas declarações de valores são exemplos da Conduta Correta, entre eles:[4]

- Esperamos que todos os nossos funcionários ajam com honestidade, integridade e imparcialidade *(ação)*.

* O termo em inglês é *triple bottom line* e se refere aos resultados da empresa medidos em termos econômicos, sociais e ambientais. (N. da T.)

- Ajudaremos as pessoas do mundo a terem uma vida mais plena – tanto por meio dos serviços que prestamos quanto pelo impacto que exercemos no mundo à nossa volta *(preocupação com o bem-estar alheio).*
- Aceitamos a responsabilidade de nos engajarmos nas comunidades e investiremos na sociedade de um modo que utilize os nossos recursos de maneira eficaz, incluindo o apoio a organizações beneficentes *(ação responsável).*
- Temos um compromisso com práticas empresariais sustentáveis e com a proteção do meio ambiente *(preocupação com o meio ambiente).*
- Nossos clientes optaram por confiar em nós. Em troca, devemos nos esforçar por prever e compreender suas necessidades e por deleitá-los com nossos serviços *(preocupação com o bem-estar alheio).*

O CARÁTER DO LÍDER

Portanto, as principais tarefas do líder são: esclarecer objetivos, definir valores, gerar confiança e tomar decisões corretas. E a maioria das pessoas concordaria que a qualidade da liderança de uma organização é o maior indicador de seu sucesso. Mas que tipo de pessoa é mais adequada para esse cargo?

Chester Barnard estabeleceu uma distinção entre as habilidades "técnicas" e o caráter:

O líder deve ter habilidades técnicas superiores na compreensão da tecnologia, na percepção, nos conhecimentos, na memória e na imaginação. Também deve ter níveis de determinação, resistência e coragem acima da média.[5]

Para liderar da maneira budista, deve-se construir o caráter mediante a aplicação dos princípios da Visão e da Conduta Corretas, e então os traços desejáveis começarão a se formar, com a prática sistemática desses princípios.

Por exemplo, uma parte essencial da liderança é correr riscos. Quando uma decisão se revela errada, o líder é responsabilizado. A pessoa designada como líder logo percebe que todas as decisões sobre as quais há opiniões intensamente contraditórias acabam em suas mãos, e por isso ela precisa de coragem.

Quando se segue o processo de tomada de decisões da Visão e da Conduta Corretas, as opções são analisadas por muitas perspectivas, o que inclui suas consequências para a empresa e para todas as partes interessadas. Assim, o grau de risco diminui, porque a pessoa sabe que está tomando as decisões certas.

Numa empresa de extremo sucesso da Holanda, o presidente e sua equipe de alto escalão examinam os prós e os contras de todas as decisões importantes, às vezes envolvendo-se em discussões acaloradas. Mas só decidem no dia seguinte, depois de os ânimos se acalmarem. Similarmente, Nita Ing, presidente da Continental Engineering, em Taiwan, disse-me que costumava tomar decisões imediatas, porque queria ser vista como uma líder forte. Entretanto, depois de praticar os conceitos da Visão e da Conduta Corretas, percebeu que era mais importante que as decisões fossem corretas do que tomadas com rapidez.

O budismo propõe uma lista útil dos "sete traços de caráter da pessoa ideal", que se aplica igualmente à liderança, como resumiu o Dalai-Lama:

COMPREENDER PRINCÍPIOS E CAUSAS

Os líderes têm consciência dos deveres e responsabilidades implicados em seu papel, bem como dos desafios que enfrentam. Devem estar aptos a identificar as causas dos problemas e os princípios a serem aplicados para resolvê-los. Por exemplo, um problema pode ser causado por falta de disciplina ética. Quando isso acontece, o líder deve saber que providências tomar para corrigi-lo.

COMPREENDER OBJETIVOS E RESULTADOS

Os líderes conhecem o significado e os objetivos dos princípios a que obedecem; compreendem as tarefas que empreendem e as razões por trás de seus atos. Sabem o que se pode esperar no futuro como resultado de suas ações e se elas levarão a consequências boas ou más. Esse tipo de antevisão é quando o líder considera no presente uma medida que só dará resultados a longo prazo, ou quando insiste em praticar um ato que não é popular.

COMPREENDER A SI MESMO

Os líderes sabem dos pontos fortes, do conhecimento, das aptidões, das habilidades e das virtudes que têm e são capazes de se corrigir e se aprimorar. Também precisam estar cientes de seu conhecimento limitado das operações da empresa e de como esta, por sua vez, afeta os muitos grupos envolvidos nela. Os líderes devem ser extremamente ávidos por aprender.

COMPREENDER A MODERAÇÃO

Os líderes são moderados na fala, no trabalho e na ação. Fazem tudo com compreensão dos objetivos e dos benefícios reais esperados. Não agem meramente para sua satisfação pessoal ou para atingir suas próprias metas; ao contrário, baseiam seus atos nos benefícios trazidos para a organização pela qual são responsáveis.

COMPREENDER A OCASIÃO E O USO EFICIENTE DO TEMPO

Os líderes conhecem a ocasião apropriada e a quantidade adequada de tempo para agir e lidar com outras pessoas – o que deve ser feito e de que maneira – e o fazem pontualmente e na hora certa. Isso inclui saber planejar o próprio tempo e organizá-lo com eficiência. Além disso, os líderes devem ter discernimento – a capacidade de identificar as questões que mais importam e de se concentrar nelas. É muito importante evitar o desperdício de tempo com assuntos banais.

COMPREENDER A ORGANIZAÇÃO

Os líderes sabem que as pessoas que integram a empresa têm normas e regulamentos; têm uma cultura e tradições; têm necessidades que devem ser reconhecidas, auxiliadas, atendidas e beneficiadas da forma adequada. Eles precisam compreender o caráter da companhia e sua própria responsabilidade pelo desenvolvimento desse caráter, além de conscientizarem-se de quando algum aspecto precisa ser modificado.

COMPREENDER AS PESSOAS

Os líderes conhecem e compreendem as diferenças entre os indivíduos. Sabem relacionar-se com as pessoas de maneira eficaz, percebem o que é possível aprender com elas e de que modo convém elogiá-las, criticá-las, orientá-las e lhes transmitir ensinamentos.

A LIDERANÇA COM A MENTE TREINADA

Centenas de livros foram escritos sobre as características dos líderes e o modo como as pessoas podem treinar-se para se tornarem "grandes" líderes. Todos eles oferecem diferentes orientações. A verdade é que não existem dois líderes exatamente iguais e ninguém pode tornar-se um grande líder seguindo apenas uma determinada orientação. No entanto, o Dalai-Lama tem a convicção de que, quando um indivíduo com o potencial certo aprende a pensar e agir com a mente treinada, seu desempenho melhora imensamente.

Quem nunca teve a experiência de ser líder muitas vezes não percebe como essa função é exigente. Quando fui promovido a presidente da companhia em que trabalhava, fiquei extremamente feliz. No entanto, logo depois dei-me conta das dificuldades: conflitos intermináveis entre pessoas, um cliente insatisfeito, uma empresa que não gerava lucros, oscilações cambiais desfavoráveis, gente competente que ia embora, 18 horas de trabalho por dia. Os problemas mais difíceis, aqueles sobre os quais as pessoas não conseguem chegar a um acordo, sempre vão parar na mesa do líder. E é assim que deve ser. É claro que também há muitos momentos felizes, mas liderar é um trabalho bastante árduo. O líder tem que desenvolver a capacidade de lidar com os altos e baixos inevitáveis e de manter a mente serena, lúcida e concentrada em todas as circunstâncias, por mais adversas que sejam.

Os ensinamentos budistas contêm inúmeras listas sobre como enfrentar diferentes problemas. Selecionamos uma que é particularmente relevante para os líderes, a dos chamados Oito Interesses Mundanos. Estes dizem respeito a estados de ânimo ou situações que acontecem com todos nós: crítica, elogio, fracasso, sucesso, ganhos financeiros, perdas financeiras, conquista de fama e falta de todo e qualquer reconhecimento. O Dalai-Lama oferece uma explicação simples desses interesses.

Os Oito Interesses Mundanos são apresentados de um modo que parece confuso e conflitante, mas isso é proposital. Consistem em quatro pares de opostos:

- Afligir-se ao ser insultado ou menosprezado.
- Ficar radiante ao receber elogios.

- Abater-se ao experimentar um fracasso.
- Ficar feliz ao obter sucesso.

- Desanimar-se ao perder dinheiro.
- Alegrar-se ao ganhar dinheiro.

- Aborrecer-se ao não receber reconhecimento.
- Ficar satisfeito ao conquistar a fama.

O primeiro desses interesses, afligir-se ao ser insultado ou menosprezado, parece tão natural quanto ficar radiante ao receber elogios. Mas esta é a reação errada para quem tem a mente treinada. Quando menosprezado, aquele que não treinou a mente fica infeliz ou zangado. A pessoa com a mente treinada reage de outra maneira. Pergunta a si mesma: "Qual é a motivação de quem está me menosprezando? Essa pessoa é competente para opinar? Sua opinião se justifica?" Se a opinião for justificada, haverá algo a aprender, e a pessoa deverá explicar que, infelizmente, cometeu um erro. Se a opinião não se justificar, caberá explicar por quê. Se a outra pessoa estiver agindo por maldade, aquela que tem a mente treinada verá nisso uma oportunidade para testar sua capacidade de se manter calma, sem sentimentos negativos como a raiva. Sua reação dependerá da conclusão a que sua reflexão a levar.

O mesmo processo deve ser seguido quando se recebe um elogio. Qual é a motivação da pessoa que o faz? O elogio é feito por alguém que compreende o que foi conquistado? Seu julgamento é valioso, ou será que essa pessoa quer agradar, ou, pior ainda, lisonjear, porque quer receber algo em troca? O valor real de um elogio ou de uma crítica deve ser analisado de forma desapaixonada. O objetivo ou a motivação corretos não consistem em evitar críticas ou granjear elogios, mas fazer o que é certo.

O raciocínio é o mesmo com os outros pares. Abater-se ao experimentar um fracasso é tão natural quanto ficar feliz ao obter sucesso. Entretanto, considero o abatimento um sentimento negativo. Em vez de aumentar a energia para que se solucione um problema, deixa o indivíduo mais abatido. Por isso, aquele que treinou sua mente fará uma análise para ver se o fracasso se deveu a erros ou a circunstâncias externas. Se ele for diagnosticado como um erro, haverá possibilidade de aprender alguma coisa para evitar falhas semelhantes no futuro? Alegrar-se com o sucesso não tem a consequência negativa de levar ao abatimento e, ao contrário, aumenta a energia positiva. Nesse caso, o perigo está em acreditar que o sucesso deveu-se inteiramente ao brilhantismo pessoal e que, por conseguinte, o sucesso de todas as ações futuras está garantido. Todo desfecho bem-sucedido é resultado da combinação de muitas causas. A decisão tomada pela pessoa bem-sucedida pode ter sido apenas uma delas. É importante refletir sobre as contribuições feitas por outras pessoas e sobre as demais circunstâncias que possibilitaram o êxito. E, é claro, a ideia de que alguém terá sucesso em tudo o que fizer é perigosa, porque pode levar à arrogância e ao orgulho ilusório.

O terceiro par também é perfeitamente natural – desanimar-se ao perder e alegrar-se ao ganhar dinheiro. Ninguém age com a intenção de ficar pobre. Ou, na terminologia empresarial, nenhuma empresa pretende ter prejuízo. Mas a realidade é que, vez por outra, muitas companhias perdem dinheiro. Desanimar-se quando isso acontece não adianta nada. O estado mental correto consiste em descobrir como é possível reverter os prejuízos em lucros. Ficar desanimado, mais uma vez, é um sentimento negativo. Sentir alegria quando a empresa tem sucesso, inclusive obtendo bons lucros, é natural. O risco é que isso seja visto como algo permanente. Passados alguns anos, a menos que se façam as mudanças corretas, a companhia perderá dinheiro. Portanto, alegrar-se é bom desde que não leve à suposição de que a empresa que não se modificar continuará a ser bem-sucedida.

Ter prazer por alcançar a fama pode ser a consequência de a pessoa tê-la buscado. A fama é como a riqueza: pode facilmente levar a um desejo insaciável de mais fama. O primeiro problema é que a pessoa com um desejo insaciável de renome nunca será feliz, uma vez que este é sempre limitado. Sempre haverá pessoas mais famosas. O segundo ponto é que a fama só é boa quando resulta da ação correta. Quando isso não é levado em conta e a fama é buscada por ela mesma, torna-se uma coisa ruim. A pessoa ambiciosa precisa fazer um esforço considerável para não se viciar na fama.

Existe aí um padrão claro: devemos celebrar os acontecimentos alegres, mas sem um apego excessivo a seu significado, seja no presente ou como preditor do futuro.

Os exemplos de crítica e sucesso são abundantes no trabalho. Um deles, em especial, me vem à lembrança: a presidente de uma companhia de ponta no ramo de softwares soube que tinha sido escolhida como um dos 100 melhores administradores do ano. Ficou satisfeita, como era de esperar. (Se tivesse aparecido na lista dos piores, seria natural que ficasse infeliz.) Os dirigentes não incluídos entre os melhores acharam que deviam ter sido selecionados e ficaram com inveja. (Outros, que temiam ser escolhidos entre os piores, ficaram felizes por não estarem na lista.) Essas reações são naturais.

A pessoa com a mente treinada e a Visão Correta sente-se satisfeita por ter sido escolhida, mas também reflete sobre a ajuda que recebeu de terceiros — e sobre o fato de ter tido sorte. Um líder apontado como um dos piores deve, em primeiro lugar, dar-se tempo para se acalmar, porque é inevitável que fique insatisfeito. Ele percebe que as pessoas de sua empresa lerão a esse respeito; seus familiares e amigos também ficarão sabendo. Ele se dá conta de que ficar com raiva ou culpar outras pessoas ou a revista que fez a seleção é um desperdício de energia mental. O passo seguinte é determinar se há alguma justificativa para essa escolha e se há lições a serem aprendidas. Ele também deve compartilhar suas reflexões com os outros. O que podem fazer juntos para melhorar a situação? A descoberta essencial da Visão Correta é que devemos aprender a orientar nossa mente de maneira construtiva, especialmente quando nosso orgulho é ferido.

Nita Ing, presidente da Continental Engineering, em Taiwan, falou-me de um acontecimento importante em sua vida, que resultou da aplicação da Visão Correta. Ela dirigia a Taiwan High-Speed Rail Corp. (THSRC), que participou da licitação por um contrato de 15 bilhões de dólares para a construção de um sistema de trens expressos em Taiwan. O consórcio com o qual ela concorreu tinha ligações estreitas com os governantes do país, ao passo que Nita Ing apoiava o líder do partido de oposição. Quando as propostas foram abertas, a apresentada pela THSRC tinha um preço substancialmente menor e qualidade superior. Não é difícil imaginar a frustração do governo ao ter que conceder o maior contrato da história taiwanesa a um consórcio dirigido por uma mulher que apoiava a oposição.

Como se poderia esperar, lançou-se uma campanha para alterar esse resultado. Inspetores da Receita foram enviados à Continental Engineering, a fim de verificar seus livros contábeis, na tentativa de descobrir atividades ilícitas, como a evasão fiscal. Nita Ing e seus filhos receberam ameaças. A mídia envolveu-se de maneira intensa e a descreveu como incompetente para administrar um contrato daquele porte. A coisa toda se tornou insuportável para ela. Extremamente rica, a executiva se perguntou por que haveria de estragar sua vida e a dos filhos para obter um contrato.

Nita Ing informou a seu mestre budista que pretendia desistir no dia seguinte. O mestre, Zopa Rinpoche,[6] disse-lhe então:

— Você deve fazer o que julgar correto, mas pense que o projeto em que está empenhada é uma grande dádiva.

A reação de Nita Ing foi:

— Dádiva? Você não pode estar falando sério. Isso está me destruindo!

O mestre respondeu:

— É uma grande dádiva porque lhe dá uma excelente oportunidade de mudar para melhor. Por favor, faça uma coisa por mim: pense nisso. E acalme-se. Não tome uma decisão enquanto estiver nervosa, porque não estará vendo as coisas como realmente são.

Depois de hesitar um pouco, Nita Ing resolveu seguir o conselho do mestre. Pensou na decisão durante a noite e não desistiu — e ganhou o contrato.

DESENVOLVENDO A ATENÇÃO VIGILANTE

Aplicar a Visão Correta e, em particular, a atenção vigilante ajuda o indivíduo a reconhecer as sensações, a percepção e a consciência, tais como se manifestam em seu cérebro. Digamos que o presidente de uma empresa tenha convocado uma reunião de altos executivos para discutir um problema importante, na qual seja necessária a participação de todos. A reunião é marcada para as 10 horas. Ao chegar nesse horário, o presidente nota *(sensação)* que um de seus executivos não está presente *(percepção e consciência)*. Agora ele tem várias opções: aguardar a chegada da pessoa que falta, iniciar a reunião assim mesmo, ligar para o celular do executivo ou telefonar para a secretária dele e descobrir o motivo de sua ausência. Para a pessoa não treinada, esse processo tem uma dimensão emocional. O presidente fica aborrecido com o fato de o executivo não ter chegado. Talvez veja isso como indisciplina ou como falta de respeito por ele e pelos outros participantes, que chegaram na hora. É bem possível que fique com raiva, especialmente se a pessoa ausente se atrasa com frequência. Este é um exemplo típico de como surgem ideias e sentimentos negativos.

Todas essas reações parecem naturais, mas convém reconhecer que as pessoas que não têm a mente treinada muitas vezes interpretam mal as situações. No ciclo de sensação, percepção e consciência, elas classificam instantaneamente um sentimento em categorias: gostar e não gostar, amistoso e hostil, positivo e negativo e assim por diante.

A pessoa com a mente treinada, por sua vez, aprende a evitar essa classificação instantânea. Tomar a decisão correta depende de enxergar a realidade, da capacidade de gerar soluções construtivas e de decidir com a mente calma e lúcida. Esse método budista compõe-se de quatro etapas:

1. Qual é a realidade? Ela constitui um problema?
2. Qual é a causa do problema?
3. O que quero alcançar?
4. Como posso atingir o objetivo?

Voltemos ao nosso exemplo e consideremos uma possível resposta depois de analisar a situação da maneira correta. Quando o executivo não chega à reunião na hora marcada, o presidente não fica aborrecido, com raiva ou preocupado. Primeiro descobre o motivo. Enquanto não conhecer a causa do atraso, não pensará na medida a ser tomada. Depois de saber por que o executivo está atrasado, ele determinará o que deve fazer.

Nesse ponto, a pessoa com a mente treinada considera perspectivas diferentes. Qual é a importância de todos chegarem às reuniões na hora certa? Quais são as consequências dos diferentes atos que ele pode praticar? Qual é a perspectiva da pessoa ausente e das outras que estão na reunião? Haveria razões aceitáveis para uma pessoa se atrasar sem avisar ao presidente? Estar ao telefone com um dos maiores clientes da empresa, falando sobre um contrato importantíssimo, seria uma razão aceitável?

Se o presidente concluir que chegar atrasado a uma reunião importante é um problema grave, pensará em como é possível mudar o comportamento das pessoas que se atrasam com frequência. Portanto, o que ele vai fazer? Quando a pessoa ausente chegar, ele resumirá os pontos discutidos até aquele momento, frisando a importância do assunto e de se estar presente para compreendê-lo. Ele não demonstrará que está com raiva do executivo que se atrasou, porque tem a mente treinada e aprendeu que ficar com raiva provavelmente não vai resolver nada. Se considerar que essa é uma questão séria, ele a examinará com aquela pessoa individualmente, ou em outra reunião, e apresentará os resultados de sua análise.

A crença central é que, se a pessoa é capaz de distinguir sensações, percepção e consciência, ela se torna apta a tomar decisões melhores. Este é um exemplo do desenvolvimento da atenção vigilante.

Quando uma organização busca líderes que tenham as qualidades descritas neste livro, ela deposita confiança naqueles que colocam o bem-estar da empresa como um todo acima de quaisquer outras considerações. Muitos líderes do mundo empresarial de hoje não pensam assim, mas, de fato, de maneira inversa: consideram que devem manter distância dos funcionários e ser espertos e impiedosos diante das decisões difíceis. Na verdade, eles devem se concentrar na necessidade de satisfazer os funcionários, os clientes e os acionistas. Isso pode ser feito de diversas formas, muitas delas financeiras, mas também exige que se mantenham a boa reputação e um alto nível de motivação na empresa. Os líderes que possuem as características descritas neste livro serão capazes de atingir esses objetivos por terem propósitos claros e usarem a sabedoria.

A CONTINUIDADE DA LIDERANÇA

Dado o papel vital desempenhado pelo presidente na empresa, nomear a pessoa certa é uma das considerações mais importantes. Isso é responsabilidade da diretoria. Ao buscar um sucessor para o presidente, a melhor solução pode ser nomear alguém que já trabalhe na companhia. Essa pessoa já será conhecida pelos diretores, pelos funcionários e pelas demais partes interessadas. Para a empresa, o desafio consiste em já haver estabelecido um sistema de planejamento da sucessão que identifique quem tem potencial para se tornar presidente e desenvolva sistematicamente a competência e as habilidades dessas pessoas.

Infelizmente, a maioria das empresas não tem um sistema desse tipo. Por quê? É um problema de falta de coragem. Os diretores acham delicado falar com o atual presidente sobre quem deverá substituí-lo, caso venha a sair. A maioria dos presidentes adora seu cargo e, se pudesse escolher, adiaria indefinidamente a aposentadoria. Por isso, muitos demonstram apenas um pálido interesse no planejamento da sucessão.

Alguém que venha de fora da empresa traz um risco muito mais alto ao ser nomeado para o cargo, e é bem possível que tenha de receber um salário muito maior que o de uma pessoa de dentro. A importância da remuneração não deve ser subestimada. Muitos funcionários da empresa desejam ardentemente obter um cargo como esse, mesmo tendo apenas um pequeno aumento salarial. Talvez a pessoa de fora tenha que receber o dobro. Conceder esse aumento para uma única pessoa também eleva a remuneração dos outros membros do primeiro escalão, de modo que o custo adicional total torna-se muito maior do que a diferença salarial da pessoa vinda de fora. Apesar disso, mesmo em empresas que dispõem de um sistema de planejamento de sucessão, é possível que seja preciso selecionar alguém no mercado, caso nenhum dos candidatos internos seja adequado, e pode haver situações em que o "sangue novo" seja benéfico, sobretudo em tempos de mudança.

POUCAS DECISÕES TOMADAS PELA DIRETORIA SÃO MAIS IMPORTANTES do que garantir que se escolham sucessores competentes para liderar a empresa. Neste capítulo descrevemos as características que as companhias devem buscar. Indicamos também que essas características podem ser desenvolvidas e, por isso, devem fazer parte do treinamento das habilidades dos líderes em potencial.

Depois de trabalhar neste livro e perceber como é complexo o papel de um dirigente empresarial, convenci-me de que os líderes precisam desenvolver uma visão holística dos negócios. No passado, talvez fosse suficiente um chefe concentrar-se em dirigir as pessoas de sua organização. Hoje isso já não basta. Ele também tem que lidar com governos, ONGs, clientes e acionistas. Para que esse trato seja eficaz, deve procurar compreender as diferentes formas de pensar de cada um desses grupos. As relações de confronto devem ser evitadas e, nesse contexto, a humildade é muito importante. Frequentemente, esses outros grupos entendem pouco ou quase nada do mundo empresarial e podem ter muitas crenças que não correspondem à realidade. É tarefa do líder ajudá-los a descobrir a "verdade". Uma atitude arrogante terá consequências negativas. A paciência e o respeito pelos outros são essenciais.

Aqueles que nomeiam o sucessor devem ter sempre em mente que essa pessoa será responsável por fazer com que a empresa opere com um coração forte e caloroso. Ela será capaz de fazer isso?

Minha própria sucessão também é uma grande preocupação para mim. Ela é complexa, porque uma solução clara e definitiva só será possível depois que o governo chinês reconhecer e admitir que estabelecer o Tibete como uma região autônoma dentro da China é a única e melhor solução para chineses e tibetanos. Tenho ótima saúde e espero que isso aconteça ainda durante minha vida. Mas, como líder responsável, tenho que me preparar para a eventualidade de que só ocorra após minha morte. A Visão Correta é a impermanência, de modo que uma mudança nas atitudes do governo chinês é inevitável. Embora esse governo já tenha reduzido as restrições à liberdade religiosa desde a década de 1980, é impossível prever quando ocorrerá a mudança de atitude no que diz respeito ao Tibete.

A ação correta, nessa situação, exige paciência e habilidade. Por isso, decidi examinar com os membros mais antigos da comunidade tibetana a maneira de organizar minha sucessão, caso a mudança de atitude do governo chinês aconteça tarde demais. Escolheremos o homem ou a mulher mais capaz, aceitável e com pleno apoio do povo do Tibete e dos líderes religiosos do budismo tibetano para assegurar a continuidade da liderança após minha morte. Esse é meu dever.

CAPÍTULO CINCO

GERAR LUCROS, EMPREGOS – OU FELICIDADE?

Toda organização é ao mesmo tempo mais e menos do que a soma de seus membros. É menos porque os integrantes do grupo dedicam apenas parte de seu tempo a ela; e é mais porque, como um todo, a organização pode realizar coisas que os membros não têm como fazer sozinhos.

Um dia desses, quando eu ia da estação ferroviária de Pathankot para o lugar onde moro, em Dharamsala, o carro teve de parar porque havia lenhadores cortando uma árvore que corria o risco de tombar na rua. Depois que ela foi derrubada, dois senhores idosos e magros começaram a serrar o tronco em pedaços, para liberar a via. Como você pode imaginar, um número crescente de carros foi se enfileirando de ambos os lados da árvore caída. Muita gente saltou dos automóveis para ver os dois homens batalhando com a serra. Devia haver mais de 100 pessoas olhando. Então um dos espectadores avançou e, acenando com o braço, chamou outras pessoas para ajudá-lo a empurrar a árvore para o acostamento. Em menos de cinco minutos, 20 homens a deslocaram e o trânsito foi liberado.

Isso demonstrou, de maneira muito simples, o que as pessoas podem fazer quando cooperam umas com as outras. Também me ocorreu que, se ninguém tivesse tomado a iniciativa de retirar a árvore num esforço coletivo, teríamos sido obrigados a esperar mais de duas horas para podermos seguir caminho. As pessoas que retiraram a árvore não eram uma empresa e nem sequer estavam organizadas, mas tinham um objetivo comum e contaram com um líder espontâneo, que tomou a iniciativa de solucionar o problema.

Se parte do papel do líder é esclarecer os objetivos e inspirar confiança nas metas e valores da organização, que papel desempenha a empresa? Será que seu verdadeiro propósito é simplesmente obter lucros — "gerar o máximo de riqueza para os acionistas" —, ou haverá algo maior em jogo? É claro que os executivos vão argumentar que o lucro é o mais importante, caso contrário, a companhia não poderá sobreviver. É verdade, mas os executivos que pensam mais à frente reconhecem que, à parte o lucro, as empresas e organizações podem alcançar outras metas admiráveis.

Décadas atrás, em 1977, o professor Peter Drucker comentou:

Uma empresa não pode ser definida nem explicada em termos do lucro. Se lhe indagarmos o que é uma empresa, o empresário típico tenderá a responder que é "uma organização feita para gerar lucros". É provável que o economista típico responda a mesma coisa. Essa resposta não é apenas falsa, mas irrelevante. O conceito de maximização do lucro não tem sentido, na verdade. A lucratividade não é o objetivo, e sim o fator limitante da iniciativa empresarial. O lucro não é a explicação, a causa nem a lógica das decisões empresariais, mas um teste de sua validade. O objetivo da empresa deve estar fora dela mesma. A rigor, deve estar na sociedade, já que a empresa comercial é um órgão da sociedade.

O empresário budista Dhaldol Bumag, presidente da AIG-Tailândia, apresentou outro modo de ver o papel da organização:

Para mim, o objetivo de minha empresa é construir uma equipe de pessoas bem-sucedidas, com o moral elevado, boas atitudes e boa-fé. Montar a força de trabalho da agência para vender seguros é ensiná-la a levar benefícios a outras pessoas. Os lucros são apenas o resultado final, não o propósito da empresa.

E um estudioso budista, o venerável P. A. Payutto teceu o seguinte comentário:

Do ponto de vista budista, a atividade econômica deve ser um meio para se chegar a uma vida boa e nobre. A produção, o consumo e outras atividades econômicas não constituem fins em si; são meios, e o fim a que devem conduzir é o desenvolvimento do bem-estar do indivíduo, da sociedade e do meio ambiente.[1]

A VISÃO BUDISTA DO LUCRO

NA TRADIÇÃO BUDISTA, TEMOS UMA VISÃO MUITO CLARA DO LUCRO. Ele é um belo objetivo, desde que seja ganho honestamente. Afirmar que o papel das empresas é gerar lucro faz tão pouco sentido quanto dizer que o papel de uma pessoa é comer ou respirar. Se uma empresa tiver prejuízos, ela morrerá, assim como uma pessoa sem alimento, mas isso não significa que a finalidade da vida seja comer.

Eu preferiria que as empresas definissem seu papel como "criar e satisfazer clientes", agindo com responsabilidade, e não apenas "gerar o máximo de riqueza para os acionistas". É claro que agir com responsabilidade inclui obter lucros generosos e proporcionar aumentos satisfatórios na renda dos acionistas. Mas o perigo de fazer do lucro o objetivo único e mais importante é que se criem condições fadadas a levar ao descumprimento da lei e a causar sofrimentos desnecessários a um grande número de pessoas.

Decerto ninguém quer trabalhar para empresas que tenham prejuízo, porque isso põe em risco sua segurança no emprego. Por outro lado, as pessoas querem trabalhar para companhias de que possam se orgulhar, que tenham uma reputação sólida como fornecedoras de produtos e serviços úteis e de alta qualidade. É por isso que definir o papel da organização de forma motivadora e positiva é muito importante.

A GERAÇÃO DA RIQUEZA

Obviamente, a riqueza é relevante para as empresas e pode ser uma importante força do bem. Ela é produto do trabalho que, no budismo, é considerado importantíssimo. A primeira responsabilidade de cada pessoa é cuidar de si mesma e, em seguida, ajudar os outros. A vida tem a ver com agir com boas intenções. O trabalho proporciona excelentes oportunidades de agir, porque os resultados beneficiam a nós mesmos e a terceiros.

O USO INADEQUADO DA RIQUEZA

A riqueza também pode ser usada da maneira errada. É possível usá-la para fins nocivos, como a corrupção. O budismo considera igualmente que o acúmulo de riqueza é um uso impróprio dela, o que é ilustrado pela história a seguir.[2]

Certa vez, Buda foi visitado por Pasenadi, o rei de Kosala. O soberano explicou que um homem rico, que acabara de falecer, não havia deixado instruções sobre como dispor de seus bens. Por isso, Pasenadi ordenara que eles fossem levados para a residência real. Chegaram imensas quantidades de ouro e prata. No entanto, o falecido sempre havia usado roupas muito pobres e tivera o hábito de só comer um mingau amargo de cascas de grãos. Como esse homem não havia utilizado sua riqueza de maneira adequada, nem em seu benefício nem no de seus pais, esposa, filhos ou amigos, a fortuna seria confiscada pelo governante ou apropriada pelos herdeiros, por quem ele não demonstrara consideração.

Buda confirmou que essa seria a ordem natural das coisas e que, na situação inversa, se o homem rico tivesse dado um destino adequado a sua fortuna, ele mesmo teria sido mais feliz, teria feito outras pessoas felizes e seus atos caridosos teriam deixado uma alegre lembrança. Sua riqueza não teria sido desperdiçada. Logo, tanto esbanjar quanto acumular riqueza são atitudes lamentáveis.

No budismo, pensamos muito na morte, na importância de aceitá-la como uma realidade inevitável e como é desejável morrer satisfeito com o que se fez. É quase certo que o homem da história anterior tenha morrido sozinho, sem ninguém a seu lado, e que tenha sofrido por ter que abandonar sua fortuna.

ENRIQUECER DA MANEIRA CORRETA

Buda ensinava que enriquecer corretamente era tão importante quanto usar a riqueza obtida de forma adequada. Isso fica bem ilustrado pela seguinte citação:

São boas e dignas de louvor as pessoas que buscam a riqueza por caminhos corretos e a utilizam para o bem e a felicidade delas mesmas e dos outros.

Uma parábola atribuída a Buda descreve esse conceito com mais detalhes:

Monges, existem três grupos de pessoas no mundo. Quais são eles? Os cegos, os que têm apenas um olho e os que têm dois olhos.

Quem são os cegos? Há neste mundo quem não tenha a visão que conduz à aquisição de riqueza ou ao aumento da riqueza já obtida. Além disso, essas pessoas não têm uma visão que lhes permita saber quais são as ações que levam a resultados positivos, não sabem o que merece reprovação, o que é vulgar e o que é refinado, não sabem distinguir entre o bem e o mal. É isso que quero dizer com cego.

Quem é a pessoa de um olho só? É aquela que tem visão para adquirir riqueza, mas, fora isso, é idêntica ao cego. E quem são as pes-

soas de dois olhos? São as que têm visão para adquirir riqueza e capitalizá-la, as que têm a visão que lhes permite saber quais ações levam a resultados positivos e quais não o fazem, o que merece e o que não merece reprovação, o que é vulgar e o que é refinado, o que é bom e o que é mau. É a estas que chamo pessoas de dois olhos.

O cego é perseguido pelo infortúnio por duas razões: não possui riqueza e não pratica boas obras.

O segundo tipo de pessoa, aquela que tem um olho só, busca a riqueza, independentemente de esta ser certa ou errada. Ela pode ser obtida por meio do roubo, da trapaça ou da fraude. Essa pessoa goza dos prazeres dos sentidos por sua capacidade de fazer fortuna. Quem tem um olho só sofre conforme os seus atos.

A pessoa de dois olhos é um belo ser humano, que divide uma parte da riqueza obtida por meio do trabalho diligente. Tem ideias nobres, a mente resoluta e ficará livre do sofrimento. Evitai o cego e a pessoa de um olho só e associai-vos aos que têm dois olhos.[3]

ESSA PARÁBOLA É MUITO PERTINENTE AOS HOMENS DE NEGÓCIOS. Os líderes devem ter visão para adquirir riqueza e também devem saber que tipo de ações praticar para que essa visão se realize. Devem igualmente saber que tipo de ação é errado ou desonroso e distinguir entre as boas e as más ações. Além disso, os bons empresários compartilham parte de seus lucros com os outros. Esse compartilhamento com outras pessoas é um aspecto fundamental da visão budista da riqueza. De uma forma indireta, a história também diz que o bom homem de negócios será feliz: "ficará livre do sofrimento".

"A pessoa que tem um olho só... goza dos prazeres dos sentidos por sua capacidade de fazer fortuna" é uma frase passível de ser mal interpretada. "Gozar dos sentidos", nos textos budistas, pode ter dois significados, positivo e negativo. Por exemplo, não há mal algum em desfrutar uma boa refeição. Mas a parábola se refere à pessoa vulgar, que não sabe o que é refinado. Por isso, ela pode viciar-se na boa mesa, comer em demasia e ficar obesa. Pode sentir-

-se infeliz quando tem de comer uma refeição simples, embora saudável. Há muitos outros vícios semelhantes a esse, como o jogo, o excesso de bebida e assim por diante.

"A pessoa de um olho só sofre conforme os seus atos." Essa frase refere-se à crença budista de que a pessoa que age mal sofrerá. Percebo que a maioria dos ocidentais acredita que algumas pessoas que enriqueceram agindo mal desfrutam uma vida luxuosa e feliz mesmo assim. Os budistas não creem que isso seja possível. Cedo ou tarde, as más ações começam a ter um efeito nocivo sobre a pessoa. Não há provas científicas de qual dessas visões é correta. Pessoalmente, creio que os empresários que ganham honestamente sua fortuna e dividem parte dela com os outros serão mais felizes que os que fazem trapaças ou agem como as pessoas de um olho só.

O USO ADEQUADO DA RIQUEZA

Buda expôs as mesmas ideias de outra maneira, sob a forma de uma "lista de verificação" com oito perguntas que os líderes podem fazer a si mesmos quando quiserem saber se estão usando sua riqueza adequadamente. A "melhor" resposta é indicada entre parênteses após cada pergunta.

- Você adquiriu sua riqueza legalmente? *(Sim.)*
- Sua riqueza tem proporcionado felicidade apenas a você? *(Não.)*
- Sua riqueza também tem proporcionado felicidade a outras pessoas? *(Sim.)*
- Você tem compartilhado sua riqueza com outros? *(Sim.)*
- Você tem praticado boas ações com sua riqueza? *(Sim.)*

Uma "boa ação" implica tornar outras pessoas felizes ou diminuir seu sofrimento.

- Você é apegado a sua riqueza e apaixonado por ela? *(Não, não sou.)*

"Apegada" significa que a pessoa torna-se avarenta e mesquinha. "Apaixonada" quer dizer que, por ser rica, ela se julga muito importante, acha que merece ser respeitada e acredita saber a resposta certa para todas as perguntas.

• Você está atento aos perigos da riqueza? *(Sim, estou.)*

"Atento" é um conceito importante no budismo. Significa que a pessoa está ciente do que acontece em sua mente. Reconhece quando a mente fica passional, mesquinha ou sovina e interrompe logo esse processo "iniciante".

• Você possui o discernimento que leva à liberdade espiritual? *(Sim, possuo.)*

O "discernimento que leva à liberdade espiritual" refere-se à compreensão de que a riqueza pode aumentar ou diminuir por razões que não se pode controlar. Não há nada de errado em ficar feliz quando a riqueza aumenta, mas é errado ficar infeliz quando ela diminui. Quando alguém fica exageradamente apegado a seus bens, perde a liberdade espiritual e passa a se inquietar com tudo que possa reduzir sua fortuna.

Os empresários podem avaliar-se usando essa lista. O nível mais alto é alcançado pelos que buscam a riqueza de maneira lícita e, ao fazê-lo, proporcionam felicidade a eles mesmos e aos outros. Compartilham sua fortuna e praticam boas ações. Além disso, não ficam apegados nem apaixonados pela riqueza, atentam para os perigos dela e possuem o discernimento que conduz à liberdade espiritual.

Buda nunca enalteceu nem defendeu a pobreza. Numa fase inicial da vida, achou que poderia ser feliz vivendo numa floresta e passando fome até quase morrer. Constatou que isso não funcionava e concluiu que não era o caminho correto. Por isso, recomendou aos monges e monjas que levassem uma vida modesta porém confortável. Via a pobreza como a causa da imoralidade e do crime. Sugeriu que, para que a criminalidade fosse erradicada, a situação econômica do povo deveria ser melhorada. Sementes (para o plantio) e outros instrumentos para a agricultura deveriam ser concedidos aos fazendeiros e lavradores. Nas crises, os comerciantes e empresários teriam que ser providos de capital. Todos os funcionários deveriam receber salários adequados. Buda acreditava que, quando são assistidas e recebem uma renda suficiente, as pessoas ficam satisfeitas, sem medo nem ansiedade, e, por conseguinte, o país se mantém em paz e livre de crimes.[4]

UMA ENTIDADE VIVA

Peter Senge, especialista em desenvolvimento organizacional, apontou outra razão pela qual ver a empresa como uma máquina de fazer dinheiro é um erro: as máquinas se desgastam, ao passo que as empresas podem renovar-se. É claro que também podem tornar-se obsoletas, mas isso se deve ao desempenho precário de seus funcionários ou às condições de mercado.[5] Não se pode motivar uma máquina; ela faz o que é programada para fazer. Os membros de uma organização, entretanto, precisam ser motivados a alcançar os objetivos da empresa. A máquina não é consciente e não distingue o certo do errado, ao passo que a organização mostra ter uma consciência moral e compartilhada. Portanto, é muito mais apropriado encarar as empresas como entidades vivas do que como máquinas.

Arie de Geus, consultor de aprendizagem organizacional, disse a esse respeito:

Todas as companhias exibem o comportamento e algumas características das entidades vivas. Todas as companhias aprendem. Explicitamente ou não, elas têm uma identidade que determina sua coerência. Constroem relações com outras entidades e crescem e se desenvolvem até morrerem. (...) Como todos os organismos, a companhia viva existe, primordialmente, para sua própria sobrevivência e aperfeiçoamento: para realizar seu potencial e se tornar tão grande quanto possível.[6]

É INTERESSANTE INDAGAR SE A EMPRESA TEM CONSCIÊNCIA MORAL, NO sentido de saber o que é certo e o que é errado. Todas as pessoas têm consciência moral, mas o sentido do certo e do errado varia enormemente entre os indivíduos. O mesmo se aplica às empresas, porém de maneira mais complexa. A rede de consciência de uma companhia inclui muitas pessoas, com diferentes ideias de certo e errado. A experiência mostra que, na empresa, as pessoas fazem coisas que não fariam em sua vida privada. Isso prova que as organizações como um todo influenciam a consciência moral de seus funcionários. Essa influência pode levá-los a agir melhor ou pior do que fariam por conta própria. Infelizmente, a influência das empresas nos padrões morais do indivíduo pode ser negativa, sobretudo quando os líderes pressionam seus funcionários para que produzam lucros, sem enfatizarem a importância prioritária de que tais lucros sejam obtidos honestamente e com base na Visão e na Conduta Corretas.

O ser humano tem um corpo físico que inclui um cérebro, uma consciência e uma consciência moral. A empresa não é um sistema tão integrado. Escritórios, equipamentos, máquinas, estoques, fábricas, computadores, etc., tais coisas não são iguais ao corpo. Não têm sensores diretamente ligados ao cérebro. Essas coisas físicas só têm valor em sua relação com as pessoas que as utilizam, e, mesmo assim, somente na medida em que essas pessoas se relacionam entre si numa rede formada por funcionários, clientes e fornecedores.

No entanto, essa diferença não é tão grande quanto se poderia supor. O que é um indivíduo sem uma rede de relações com familiares, amigos e conhecidos? A pessoa só "existe" de verdade por meio das relações com outras. Portanto, a empresa consiste numa rede invisível de relações entre pessoas. Seu verdadeiro valor não está na soma de suas instalações, seus funcionários e seus recursos financeiros. O valor está nas relações entre as pessoas dentro dela e com as muitas partes interessadas fora da organização.

EMPRESA E FELICIDADE

As empresas não costumam ser vistas como produtoras de felicidade. Um empresário que descrevesse a produção da felicidade como um de seus objetivos correria o risco de cair no ridículo. Quando iniciei este projeto, eu não sabia ao certo até que ponto as empresas teriam a possibilidade e a disposição de encarar a criação da felicidade como uma de suas metas, mas agora vejo que essa é uma possibilidade real, particularmente quando a felicidade é vista em termos de "satisfação com a vida".

Creio que o desejo das pessoas de serem felizes e evitarem o sofrimento é universal. No nível superficial, pode haver muitas diferenças. As culturas têm hábitos e tradições diferentes. Por isso, alguns atos são ofensivos em um país, mas não em outro. Fundamentalmente, porém, ninguém quer ser miserável, não ter onde morar, o que comer, sem recursos para mandar os filhos para a escola, sem amigos, sem o respeito dos outros, sem a liberdade de expressar uma opinião. A grande maioria das pessoas de todas as culturas concorda com as metas da Declaração Universal dos Direitos Humanos da Organização das Nações Unidas, tais como "Todo ser humano tem direito à vida, à liberdade e à segurança pessoal" e "Todos os seres humanos nascem livres e iguais em dignidade e direitos. São dotados de razão e consciência e devem agir em relação uns com os outros com espírito de fraternidade".[7]

> Quando o papel de cada indivíduo na consecução dos objetivos da organização é reconhecido — ou, melhor ainda, regularmente celebrado —, as pessoas encontram maior significado em seu trabalho, sua empresa e sua vida.
>
> Os líderes têm uma enorme influência no bem-estar de seus funcionários, além de lhes proporcionarem emprego e pagarem seu salário. Muitos estudos sobre a satisfação dos funcionários concluem que a "confiança" é um dos fatores mais importantes nesse aspecto. As pes-

soas querem sentir que contam com a confiança de seus chefes e que, por sua vez, podem confiar neles. Relacionado à confiança está o desejo de as pessoas sentirem que têm liberdade suficiente para fazer um bom trabalho. Quando não têm liberdade e tudo o que fazem é inspecionado e controlado, não tardam a ficar insatisfeitas. Percebem isso como falta de confiança, mas também como falta de respeito.

Um dos modos de os dirigentes melhorarem a satisfação no emprego é demonstrarem respeito por seu pessoal, investindo em treinamento e desenvolvimento. As pessoas não apenas dão valor a serem treinadas nas habilidades necessárias à execução de seu trabalho, como também notam quando um empregador manifesta interesse por seus níveis de tensão e sua saúde em geral. Os empregados também gostam de participar de eventos sociais como grupo, e é comum esses eventos figurarem numa posição elevada nas pesquisas sobre satisfação no emprego. Além disso, as pessoas gostam de ser informadas sobre a situação da companhia e as perspectivas de futuro. Quando a notícia é boa, ela proporciona um sentimento de bem-estar na equipe; quando é ruim, mas dada com sinceridade, pode estimular uma nova cooperação para solucionar o problema.

Uma vez que o desemprego pode levar ao sofrimento sob a forma da fome, da pobreza e da perda do respeito dos outros, a esperança é que os líderes reconheçam essas consequências antes de agirem unicamente de acordo com os interesses dos acionistas. O emprego proporciona renda e a renda proporciona liberdade: a liberdade de pagar pela moradia, pelo alimento, pela assistência médica e pela educação. O emprego também proporciona amor-próprio e a possibilidade de progresso material e espiritual. Privar as pessoas dessas necessidades básicas, sem uma grande reflexão, pode criar uma infelicidade significativa.

O MODELO DE MASLOW

O psicólogo Abraham Maslow desenvolveu o conceito de que a felicidade dependia da satisfação de necessidades diferentes e que algumas necessidades fundamentais tinham que ser satisfeitas antes que outras pudessem ser consideradas.[8] Isso se chama "hierarquia das necessidades" e o conceito costuma ser apresentado como uma pirâmide com cinco níveis.

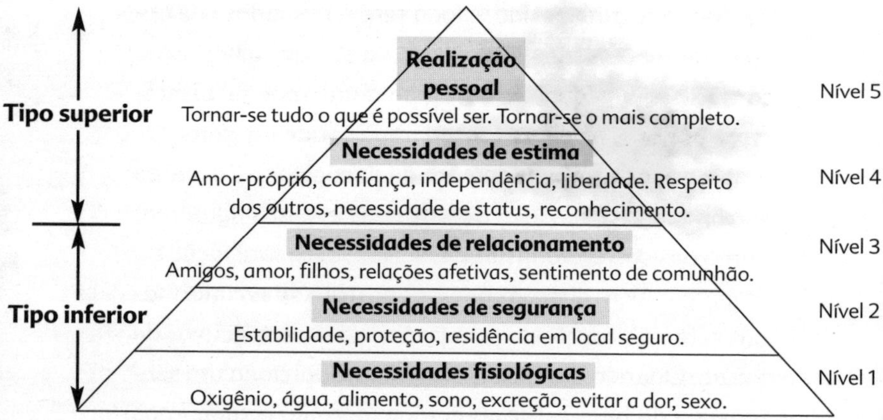

Maslow afirmou que as pessoas tinham que satisfazer as necessidades de nível inferior antes de poderem ascender ao nível seguinte. As necessidades básicas de alimento, água e abrigo incluem-se nas categorias inferiores, e a renda tem um papel a cumprir na satisfação de tais necessidades. As pessoas com baixo nível de renda só têm possibilidade de se concentrar nas necessidades básicas e, por isso, muitas vezes se satisfazem aceitando qualquer emprego que assegure comida, água, abrigo, etc. Uma vez atendidas essas necessidades, as pessoas já não ficam satisfeitas com qualquer emprego: querem um trabalho interessante, que contribua para suas necessidades de nível mais alto, até chegarem ao nível 5, o da "realização pessoal". Elas atingem esse estágio quando consideram que todos os seus talentos e aptidões estão sendo usados de maneira satisfatória.

Ter um emprego é importante em todos os níveis. Ele proporciona renda para comprar alimentos no nível 1 e traz estabilidade no nível 2. A empresa é uma espécie de comunidade com relações pessoais; estas podem não ser afetivas, mas a maioria das pessoas faz amizade com alguns colegas de trabalho (nível 3). O emprego proporciona o amor-próprio e a independência no nível 4. Muitos habitantes dos países prósperos encontram-se no nível 5, alcançando a realização pessoal.

A TEORIA DE MASLOW ME FAZ LEMBRAR A HISTÓRIA DE ALAVI.[9] BUDA marcou um encontro com Alavi para lhe transmitir alguns ensinamentos. Andou quilômetros e foi calorosamente recebido pelos habitantes da cidadezinha onde o camponês morava, porém Alavi não estava lá. Uma de suas vacas tinha fugido e ele precisou empreender um enorme esforço para encontrá-la. Quando o camponês chegou ao local marcado para a conversa, estava exausto e com muita fome. Ao vê-lo nesse estado, Buda pediu que os anciãos da cidade arranjassem comida para o pobre homem e só depois de o camponês comer até se saciar e ficar descansado foi que começou a lhe ensinar. Mais tarde, Buda explicou suas razões: "Quando as pessoas estão assoberbadas e aflitas com o sofrimento, são incapazes de compreender os ensinamentos religiosos."

Essa história ilustra a hierarquia das necessidades. Primeiro é preciso satisfazer as do nível 1, as fisiológicas, para que se possam acionar níveis superiores.

A felicidade, segundo o modelo de Maslow, baseia-se na suposição de que seja possível satisfazer as necessidades de todos os cinco níveis. Em contraste, de acordo com o pensamento budista, é impossível satisfazer todas elas em algum momento. Para o budista, o objetivo também é a felicidade, porém no sentido de "paz de espírito", não de "satisfação de todas as necessidades". Ao treinar a mente para evitar os pensamentos e ações que levam ao sofrimento e também para enfrentar os acontecimentos adversos que inevitavelmente ocorrerão, como a velhice, a perda de familiares ou a perda da riqueza, pode-se chegar à felicidade ou à "aceitação".

A base da teoria de Maslow consiste em satisfazer as necessidades do indivíduo, do eu. De acordo com o pensamento budista, ao contrário, não existe eu independente, permanente e inalterável. O eu consiste nas relações com outras pessoas e com outros aspectos do ambiente físico. Todas as pessoas, sobretudo na sociedade ocidental, vivem obcecadas com o "eu": "Isto é meu", "Estou sendo insultado", "Não ganho o suficiente" ou "As pessoas não são gentis comigo". Na concepção budista, não são as outras pessoas que têm de satisfazer as necessidades de um indivíduo, mas o inverso. Só podemos ser felizes quando satisfazemos as necessidades de outras pessoas, além das nossas.

DINHEIRO NÃO COMPRA FELICIDADE

> Uma profusão de dados das últimas décadas tem mostrado que, uma vez atendidas as necessidades pessoais de alimentação, abrigo e algum conforto básico, o aumento da riqueza pouco influencia a capacidade de os indivíduos serem felizes. Em outras palavras, "dinheiro não compra felicidade". Em vez de subirem na pirâmide de Maslow, afastando-se das necessidades básicas, os habitantes dos países industrializados podem tornar-se mais consumistas, sem tentar atender a suas necessidades de relacionamento nem buscar atividades que se inclinem para a realização pessoal, e assim a felicidade lhes escapa. Eles ficam obcecados com a riqueza e se concentram no consumo nocivo, não no virtuoso. O consumo

nocivo usa os bens e serviços meramente para satisfazer desejos e gratificar o eu. O virtuoso contribui para o bem-estar das pessoas e cuida das necessidades básicas.

Um fator importante é "possuir o que os vizinhos possuem". A maioria das pessoas gosta de manter o mesmo padrão de vida daquelas que julgam pertencer ao mesmo grupo. Se um vizinho troca seu televisor por outro de LCD, elas querem fazer a mesma coisa. Quando não podem arcar com a despesa, isso tem uma influência negativa em sua felicidade. Do mesmo modo, porém, quando essa possibilidade existe, elas esbarram no conceito de "bens posicionais", aqueles que são valorizados por conferirem um status elevado ou por serem escassos. Se todos tivessem uma Ferrari, por exemplo, ela deixaria de ter tanto prestígio. Portanto, nesse contexto de consumo, a felicidade nunca pode ser alcançada.[10]

Há um número crescente de pesquisas sobre o que é a felicidade e como se pode medi-la, indo desde as conduzidas por economistas como Richard Layard e Andrew Oswald até as de psicólogos como Ed Diener e Martin Seligman.[11] Mais de 1.700 estudos foram conduzidos sobre a felicidade e a riqueza em mais de 40 países, por exemplo.[12]

Um dos estudos de maior destaque foi o realizado pela professora Ruut Veenhoven, da Universidade Erasmo de Rotterdam, que mantém o World Database of Happiness (Banco de Dados Mundial da Felicidade).[13] Os dados mostraram que, quando as pessoas são pobres, sua felicidade em geral aumenta com a renda. Quando a renda está acima de certo nível, a felicidade se mantém constante. O nível da renda é importante, mas a direção da mudança também é significativa. Quando a renda está em crescimento, é óbvio que as pessoas se sentem muito mais felizes do que quando ela declina. Uma pessoa de renda mais elevada que esteja em declínio é menos feliz do que outra de renda menor em crescimento.

No entanto, o dinheiro não é o único fator. Bruno Frey e Alois Stutzer, dois eminentes economistas suíços, concluíram, como não chega a surpreender, que estar empregado faz uma contribuição importante para a felicidade, mas que a composição genética também é relevante: os extrovertidos são mais felizes que os introvertidos. A vida familiar e os amigos também são fundamentais, bem como a boa saúde e a posição do indivíduo em relação a seus pares.[14]

Os budistas acreditam que as pessoas têm temperamentos diferentes e que, independentemente de sua predisposição ao nascer, todos podem melhorar seu modo de ser – o que é importantíssimo. Por exemplo, o pessimista pode reforçar sua autoconfiança treinando a mente, o que, por sua vez, aumenta sua felicidade. Buda dizia: "A autoconfiança é o maior tesouro que o homem pode ter." E dizia também: "O chefe deve atribuir tarefas aos trabalhadores de acordo com suas aptidões."

Essa é uma área em que as empresas podem fazer uma importante contribuição. Quando as pessoas conseguem atingir as metas que elas mesmas ou os outros estabeleceram, a autoconfiança aumenta. As companhias que trabalham desse modo aumentam a autoconfiança dos funcionários e, por conseguinte, sua felicidade. Com isso, o pessimismo se reduz e o otimismo cresce.

O QUE AS ORGANIZAÇÕES PODEM FAZER

Muitas empresas começaram a se dar conta de que devem tornar mais fácil para seus funcionários a dedicação de um tempo maior à família e a outros interesses. Novos métodos de trabalho têm sido desenvolvidos, e um número muito maior de pessoas trabalha em horário parcial. Todavia, é quase impossível fazer isso com os cargos que implicam dirigir ou liderar pessoas. Muita gente admite que, ao optar por um horário parcial, talvez ganhe menos e tenha menos prestígio na companhia, porém é mais feliz assim. Esse tipo de diversidade na carreira deve ser estimulado.

As organizações têm a capacidade de ajudar a gerar satisfação no emprego e, além disso, de valorizar a necessidade de felicidade entre seu pessoal. O que uma empresa pode fazer, em termos de políticas e valores, para disseminar essa felicidade? Eis uma lista resumida de ideias:

- Conduzir pesquisas sobre a satisfação dos funcionários para avaliar até que ponto eles têm um sentimento positivo ou negativo a respeito das políticas e procedimentos da empresa e, em especial, do comportamento da direção. Adotar medidas corretivas com base nos resultados, a fim de elevar o moral e a satisfação no trabalho (um componente da felicidade).
- Investir em programas de treinamento e desenvolvimento pessoal para os funcionários. Isso transmite uma mensagem de respeito e confiança, o que contribui para o sentimento de satisfação deles.
- Certificar-se de que os funcionários compreendam de que maneira contribuem para o sucesso da organização, qualquer que seja o nível em que trabalham. Certificar-se também de que eles sentem que a empresa está ciente de sua contribuição e a valoriza.
- Comprometer-se com a geração de riqueza para todos os colaboradores, inclusive revendo as políticas e estruturas de remuneração, eliminando os desequilíbrios desnecessários e recompensando todos os que contribuem para o sucesso.
- Criar declarações de responsabilidade empresarial a

serem seguidas pelos funcionários. Elas podem incluir políticas ambientais que abordem o consumo excessivo ou o desperdício de bens materiais. "Exportar" tais políticas para parceiros e filiais no exterior, a fim de promover a equidade e a geração de riqueza em novos mercados. (Falaremos mais sobre a responsabilidade empresarial no próximo capítulo.)

- Empenhar-se numa propaganda responsável de produtos e serviços que não promova uma economia puramente baseada no consumo; apelar para as necessidades mais elevadas do consumidor. Evitar criar impressões que não sejam verdadeiras e que promovam o consumo nocivo.
- Considerar cuidadosamente qualquer plano de redução de pessoal. A perda do emprego e a consequente perda da renda podem levar à disseminação da infelicidade. Tomar todas as providências disponíveis para evitar essa ocorrência, ou, na pior das hipóteses, auxiliar os funcionários a encontrar novas colocações. Ter em mente o bem-estar coletivo deles.
- Liderar pelo exemplo. Na condição de líder, aproveitar a oportunidade para demonstrar satisfação com a vida, exibindo uma mente treinada e um estilo de vida equilibrado.

E, como veremos na Parte III, há muitas oportunidades de a companhia ajudar outras empresas e organizações iniciantes, bem como de se desenvolver pela transferência de conhecimento. Dessa maneira, ela pode ajudar a solucionar alguns problemas da pobreza, da injustiça e da sustentabilidade ambiental no mundo inteiro.

No budismo, é frequente dizermos que as pessoas devem libertar-se de suas carências. Por "carências" nos referimos a desejos insaciáveis. Buda dizia: "Você deve ficar satisfeito com o que tem, mas nunca satisfeito com a quantidade do bem que fez." Não vemos nada além da felicidade porque, na tradição budista, a verdadeira felicidade só pode ser alcançada por quem age de maneira perfeitamente virtuosa e não tem pensamentos nem sentimentos negativos. Não entendemos a felicidade como um sentimento passivo de quietude.

Os budistas reconhecem que enriquecer é uma das atividades fundamentais da vida. O consumo e o acúmulo de riqueza são naturais, mas, se praticados da forma errada, levam ao sofrimento. Quem consome por consumir, sem nenhuma restrição, não será feliz. Buda recomendava que, nos períodos de prosperidade, parte dos ganhos fosse reservada para os períodos de escassez. Quando a riqueza é obtida de forma desonesta, ela significa roubar dos semelhantes ou causar outras formas de prejuízos. Quando a riqueza não é usada para beneficiar outras pessoas, não proporciona felicidade a seu possuidor nem a mais ninguém. Para que leve à felicidade, ela tem que ser obtida honestamente e usada da maneira correta.

Ouvi e participei de intermináveis discussões a respeito de o lucro dever ou não ser o único propósito das empresas. Para mim, a resposta é simples. Os lucros são uma condição de sobrevivência, mas sua finalidade é contribuir para o bem-estar da sociedade em geral.

CAPÍTULO SEIS

NEGOCIAR COM CORREÇÃO

No budismo, acreditamos que a reputação de uma companhia depende de ela operar com um coração caloroso e forte. A pessoa que tem o coração caloroso interessa-se ativamente pelo bem-estar de outras, segue a Conduta Correta. E as boas ações são tão importantes para a empresa quanto para o indivíduo, ou talvez até mais, visto que muitas pessoas são afetadas por seus atos.

Como vimos anteriormente, a humildade é um dos traços característicos do bom líder. Os executivos ostentadores e egocêntricos tendem a priorizar seus interesses e prazeres pessoais, em vez de agirem como bons cidadãos, interessados no bem-estar de acionistas, funcionários e clientes. Quando os dirigentes exibem uma tendência para ações más ou nocivas, como a desonestidade, direcionam a organização para situações de risco. Muitas vezes as consequências da má reputação são difíceis de superar.

Quando leio sobre escândalos empresariais, suas causas principais parecem ser a ânsia de poder, riqueza ou fama dos diretores. Essa ânsia leva à desonestidade e ao desrespeito à lei. Se você relembrar os princípios básicos do budismo que discutimos anteriormente, verá que há advertências sobre o sofrimento acarretado pelo desejo ou ânsia desmedidos. Os diretores envolvidos nesses escândalos perderam o controle de suas mentes e tornaram-se vítimas de suas próprias tendências negativas. Considero isso vergonhoso, uma vez que muitos desses líderes sem dúvida têm talento e prejudicam a si mesmos e a terceiros sem uma boa razão.

Em certo sentido, o sistema também é culpado. Tomemos o exemplo da disparidade salarial. Acho perturbador que diretores de empresas ganhem muitos milhões de dólares, enquanto alguns de seus funcionários recebem salários que lhes negam um padrão de vida decente. Admito que as pessoas de grande talento artístico, físico ou empresarial possam enriquecer, mas esse é um grupo muito pequeno e singular. A única maneira de resolver de fato esse problema é os líderes exercerem o comedimento e, novamente, pensarem no bem-estar de todos ao tomarem decisões.

Algumas organizações, a exemplo das empresas de petróleo, enfrentam difíceis dilemas éticos. É irrealista esperar que tais companhias restrinjam suas atividades a países com um bom governo. Elas têm que lidar com governos fracos, legislações precárias, insegurança e corrupção. Têm que exercer algumas tarefas que normalmente caberiam aos governos. Dada a sua influência, entretanto, elas devem fazer um esforço a mais para agir da melhor maneira possível em situações difíceis. Isso significaria, por exemplo, recusarem-se a participar da corrupçao em larga escala.

Dentro das próprias organizações, as empresas globais devem empenhar-se em funcionar com o mais alto nível de integridade. Em seus mercados, devem escolher fornecedores que se disponham a operar ou que já operem com alto nível de responsabilidade. Isso recompensará as organizações que realmente se importam com os interesses da sociedade.

A NECESSIDADE DE CONFIANÇA

A necessidade de confiança entre as empresas entrou nitidamente em foco com a crise econômica que começou em 2008. É muito importante compreender as causas dessa crise, pois ela mostra as consequências da visão errada e como a interdependência do governo e das empresas leva a resultados desastrosos.

Os governos são responsáveis por assegurar um sistema financeiro sólido para atender às empresas e ao público em geral. Uma confiança cega no mercado livre sem regulamentação tanto por parte dos políticos quanto dos economistas levou à recusa dos governos em analisar seriamente as consequências dos tipos de inovações que os bancos estavam fazendo na economia. Instituições financeiras, especialmente os bancos de investimento, descobriram que poderiam obter enormes lucros e ganhar bônus vultosos por meio de novas maneiras de fazer dinheiro, como *hedge funds,** fundos de participação e derivativos de crédito. As pessoas que desenvolveram esses instrumentos eram muito talentosas, usando avançados métodos estatísticos e complexas programações de computadores numa escala global. A atitude dos líderes dos bancos foi a de que, se esses produtos levassem a lucros, estava tudo bem, apesar de não os compreenderem completamente. O velho estilo dos bancos era tedioso e todo mundo tinha um único objetivo: maximizar os lucros.

Se os reguladores não tivessem a fé cega de que o livre mercado competitivo iria automaticamente resolver qualquer problema que porventura surgisse, teriam investigado as consequências dessas inovações de acordo com a Visão Correta e evitado o desastre. O mesmo vale para os administradores dos bancos, se não tivessem se deixado cegar pelo que pareciam lucros fáceis.

Uma companhia na qual os funcionários e todas as outras pessoas e organizações que se relacionam com ela

---

* *Hedge fund* é o fundo que investe no comércio a prazo de mercadorias visando a diminuir os riscos e reduzir os prejuízos. (N. da T.)

têm confiança possui muitas vantagens. Uma delas é a boa reputação. Para essas empresas é fácil atrair e reter uma equipe de alta qualidade. Clientes e consumidores serão mais leais e terão mais vontade de experimentar novos produtos. A empresa será capaz de cobrar um preço mais elevado por um produto ou serviço de mesma qualidade. O valor das ações de uma empresa confiável será maior que o de uma empresa com os mesmos resultados financeiros, porém com um nível de confiança menor.

Portanto, os líderes devem estar bastante atentos às práticas que são particularmente alarmantes para o público, como resumimos a seguir.

CONTABILIDADE CRIATIVA OU FRAUDULENTA

Houve diversos exemplos recentes de companhias do mundo inteiro que fraudaram seus dados contábeis, fornecendo deliberadamente informações enganosas ao público, formando cartéis e praticando diferentes formas de corrupção e uso de informações privilegiadas. Em quase todos os casos, o presidente esteve diretamente envolvido, o que enfatiza a necessidade do tipo de líder que descrevemos neste livro. Embora a punição possa ser bastante severa, envolvendo multas altas e sentenças de prisão, é irrealista esperar que esses escândalos acabem por completo. A pressão para que esses executivos obtenham lucros crescentes é extremamente forte. Enquanto o papel das organizações não for reestruturado como algo maior do que a maximização da geração de renda para os acionistas, o risco de fraude persistirá. É importante lembrar, todavia, que apenas uma pequena percentagem do total das empresas envolve-se nesse tipo de prática.

CRESCENTE DISPARIDADE NA REMUNERAÇÃO

Muitas pessoas consideram injusto que a remuneração dos altos executivos cresça muito mais depressa que a de outros funcionários, especialmente em comparação com os que recebem salários mais baixos. Em geral, as pessoas aceitam que um empresário, um artista ou um desportista bem-sucedido ganhe muito dinheiro, mas consideram imoral que a remuneração dos profissionais em cargos de liderança suba tão rapidamente. Por exemplo, a média da remuneração anual dos altos executivos dos Estados Unidos subiu de 480 mil dólares para 8 milhões de dólares nos últimos 25 anos. Enquanto isso, o salário anual médio dos trabalhadores americanos é de 27 mil dólares, cifra que, durante o mesmo período, mal acompanhou a inflação.[1]

As companhias não têm conseguido convencer o público de que agem de maneira justa com relação a isso. Um dos problemas é que ter um diretor-geral competente e inspirador é fundamental para o sucesso da empresa, mas essas pessoas não são fáceis de se achar. As que conseguem reerguer uma companhia que esteja em declínio — como Carlos Goshn, na Nissan, ou Lou Gerstner, na IBM — são “estrelas” capazes de obter uma remuneração espantosa. No entanto, é importante lembrar que esses astros são apenas uma percentagem muito pequena do número total de altos executivos. Se as empresas e seus conselhos diretores conseguirem exercer um controle maior sobre a remuneração, isso poderá levar a uma elevação do moral e, portanto, a melhores resultados.

Um fenômeno interessante ocorreu na American Express, onde a remuneração do diretor-geral, Ken Chenault, inclui agora uma opção sobre a compra de 2,75 milhões de ações. Entretanto, ele só receberá a concessão completa das ações se o desempenho da AmEx atingir algumas metas altíssimas — por exemplo, um crescimento de pelo menos 10% na receita anual — nos próximos seis anos, o que é um longo período. Isso vincula estreitamente a remuneração ao desempenho e constitui uma abordagem a ser considerada por outras empresas.[2]

PRÁTICAS EXPLORATÓRIAS

Existe um risco de práticas exploratórias abusivas em indústrias como as do petróleo e de mineração. Ironicamente, algumas das maiores companhias de gás e petróleo, como a Royal Dutch/Shell e a British Petroleum (BP), encontram-se entre as mais atuantes na implementação dos princípios de responsabilidade social e cidadania empresarial, área que examinaremos em detalhes mais adiante neste capítulo. No entanto, essas empresas cometeram vários "erros" largamente divulgados, sobretudo no campo das violações ambientais. A BP gerou manchetes por causa de um grande derramamento de óleo no Alasca, que resultou em multas aplicadas pelas autoridades. A Shell protagonizou o famoso caso da plataforma Brent Spar, como veremos na próxima seção.

A própria natureza da extração e produção de minerais, gás e petróleo é exploratória, o que dificulta a manutenção de práticas éticas. As reservas de minério e petróleo estão situadas em diversos países pobres. Muitas vezes não podem ser vendidas dentro dos países em questão e têm que ser exportadas. Os benefícios potenciais com que esses recursos poderiam contribuir para tais países podem ser "roubados" pela elite econômica, em cooperação com o governo ou como parte dele. Não raro, em vez de serem uma bênção para os países, esses recursos transformam-se numa maldição.

Mas há medidas positivas que as empresas podem tomar. Muitas companhias de petróleo, ao iniciarem um novo projeto, conduzem um estudo sobre seu impacto ambiental e social antes de decidirem prosseguir. Nos últimos tempos, algumas delas passaram a incluir nesses estudos representantes das comunidades que serão afetadas pelos projetos. As grandes empresas também têm empenhado um esforço significativo de pesquisa e desenvolvimento na área da energia renovável, porém a tarefa de levar esses esforços ao conhecimento do público continua difícil.

COMERCIALIZAÇÃO DE PRODUTOS NOCIVOS

No Capítulo Dois, falamos do princípio budista do meio de vida correto, que tem um componente que consiste em exortar as empresas a não se dedicarem à fabricação de produtos nocivos. No entanto, ainda existem produtos legais que são considerados prejudiciais ao bem-estar do público, e muitas pessoas diriam que, quando existe uma lacuna no mercado, o sistema de livre economia a preenche naturalmente. Todavia, é grande o risco para a reputação das empresas que participam desses ramos industriais.

Consideremos a Philip Morris, a gigante do tabaco que, depois de muitos processos judiciais e outros problemas de relações públicas, sofreu uma crise tão violenta que ainda está tentando se reerguer. Acrescente-se a isso que fumar tornou-se uma atividade impopular e praticamente tabu em muitos países, de forma que a Philip Morris precisa recriar sua imagem mais uma vez, posicionando-se como uma instituição que educa sobre os perigos do fumo antes de mais nada. É uma situação estranha para uma empresa — por um lado, promover um produto e, por outro, fazer campanha contra seus perigos —, mas a força da opinião pública fez dela uma necessidade.

VIOLAÇÕES AMBIENTAIS E DOS DIREITOS HUMANOS

Nesta era de globalização, muitas organizações internacionais têm sido duramente criticadas por suas práticas trabalhistas nos países pobres e em desenvolvimento. Os grupos de vigilância estão sempre atentos às violações ambientais e dos direitos humanos. As empresas devem dispor-se a esclarecer sua política nessas duas áreas e a aplicá-la tanto a parceiros oficiais quanto a fornecedores, como parte de seus acordos e contratos. Sem tais garantias, elas correm o risco de ser associadas a práticas que acabarão prejudicando sua reputação.

A ORGANIZAÇÃO DIGNA DE CRÉDITO

Decerto existem muitos líderes extraordinários que vêm tentando implementar políticas que, por sua própria natureza, estimulam o público a ver as empresas como éticas e dignas de crédito. É delas o ônus de reconquistar a aprovação da sociedade e alterar as expectativas das pessoas sobre qual pode ser a sua contribuição. Não estamos falando de relações públicas nem de "reconstrução da imagem", mas do que uma empresa realmente *faz.*

Quando o público manifesta uma propensão a generalizar, considerando maléficas todas as grandes empresas, até aquelas que procuram fazer o bem têm uma árdua batalha pela frente. Descrevemos a seguir alguns modos de ajudar as organizações a estabelecerem melhor a sua credibilidade, de acordo com os princípios da Visão e da Conduta Corretas.

PROMOVER A CIDADANIA EMPRESARIAL

A cidadania empresarial é a ideia de que a empresa deve agir como um membro responsável da sociedade, assim como cada cidadão. Um desdobramento importante nessa área é a divulgação do desempenho das "boas" empresas no mercado de ações, em classificações como as do Índice Dow Jones de Sustentabilidade Global, do Índice Dow Jones STOXX, do FTSE4Good Global 100 e do FTSE4Good Europe 50.

As companhias têm que se qualificar para serem incluídas nesses índices, provando que agem de acordo com princípios de responsabilidade social. E esses princípios evoluem continuamente a fim de incorporar os desdobramentos na reflexão sobre a responsabilidade empresarial, como mostram os seguintes números do relatório resumido do índice FTSE4Good:[3]

- *No plano global, mais de 200 empresas atenderam a critérios ambientais mais rigorosos para aprimorar suas práticas, enquanto 85 foram excluídas do Índice por não terem feito o suficiente para enfrentar esse desafio.*
- *58 companhias tomaram providências para cumprir os critérios novos e mais rigorosos sobre direitos humanos, e apenas 20 foram excluídas do Índice.*
- *Até hoje, 20 empresas aperfeiçoaram suas políticas, sistemas de gestão e fornecimento de informações sobre normas trabalhistas na cadeia de suprimentos, enquanto duas foram eliminadas.*

No nível internacional, a Organização para Cooperação e Desenvolvimento Econômico (OCDE) publicou instruções que oferecem "recomendações às empresas internacionais para a conduta em áreas como mão de obra, meio ambiente, proteção ao consumidor e luta contra a corrupção",[4] e a Organização das Nações Unidas criou o Pacto Global, descrito como "a maior iniciativa corporativa de responsabilidade social em todo o mundo".[5] Segundo uma análise publicada no *Relatório do Banco Mundial de 2005*, 20% das empresas indicaram que as normas da OCDE influenciaram sua maneira de trabalhar, e esse número fica em torno de 30% para o Pacto Global. As organizações capazes de demonstrar sua adesão a esses princípios recebem um impulso substancial em sua credibilidade, além de beneficiarem a sociedade como um todo.

Entretanto, a adesão a essas normas deve se refletir nas ações reais das empresas, e não apenas em seu trabalho de relações públicas. Uma pesquisa da consultora McKinsey relatou alguns dados estatísticos interessantes:[6]

- *Mais de 90% dos diretores-executivos têm feito mais do que faziam há cinco anos para incorporar questões ambientais, sociais e de governança às suas estratégias e operações.*
- *72% dos diretores-executivos disseram que a responsabilidade corporativa deve estar completamente inserida na estratégia e nas operações, mas apenas 50% julgam que suas empresas realmente o fazem.*
- *59% dos diretores-executivos disseram que a responsabilidade corporativa deve ser inserida nas cadeias de suprimento globais, mas apenas 27% acham que o estão fazendo.*

ACEITAR QUE A HONESTIDADE E O SUCESSO PODEM COEXISTIR

Muitas pessoas do mundo empresarial alegam que os negócios são uma luta de vida ou morte com a concorrência e que, nessas condições, não há lugar para a ética. É vencer ou morrer. Afirmam também que não há muita margem para honestidade. A maioria das pessoas não quer dizer abertamente que age de forma desonesta, talvez por se julgar “decente” ou, no mínimo, tão decente quanto qualquer um. Elas declaram ainda que qualquer integrante do mundo empresarial que discorde dessa visão está sendo hipócrita ou desconhece a realidade do mundo dos negócios. É claro que esse tipo de comportamento e de discurso dá uma péssima imagem às empresas. Mas ele pode ser modificado.

Cada vez mais as empresas vêm buscando operar com ética e ser reconhecidas por suas ações. Recentemente, a revista *Ethisphere* escolheu as 100 "Empresas mais éticas do mundo" entre milhares de candidatas. Embora a inclusão de algumas dessas companhias na lista tenha gerado controvérsias, a classificação seguiu um amplo processo de triagem e avaliação. Alex Brigham, editor-executivo da revista, explicou:

> *Buscamos dados absolutos. Examinamos as empresas no contexto de suas indústrias. E procuramos líderes influentes que levassem outras pessoas a mudar ou a segui-los. As empresas foram avaliadas num processo rigoroso, em oito etapas, e receberam notas em nove critérios de liderança ética. (...) Essas organizações vão além de fazer declarações sobre a condução ética dos negócios; elas traduzem essas palavras em ações.*[7]

Uma das organizações da lista é a Fluor, uma companhia sediada no Texas, que aparece também na "Fortune 500", a lista das 500 maiores empresas do mundo da revista *Fortune*. Ela presta serviços de engenharia e suprimentos, sobretudo para o governo americano. Quando a reputação de uma de suas concorrentes, a Halliburton, foi prejudicada por acusações de corrupção e favoritismo, a Fluor entrou em ascensão. Alan Boeckmann, presidente e diretor-executivo da Fluor Corporation, explicou que "a ética e a conduta ética são valores fundamentais na Fluor, e tem sido assim desde nossa inauguração há mais de um século".[8] E a empresa tem lucros que comprovam essas afirmações.

Sandy Cutler, diretor-executivo da Eaton Corporation, uma fabricante industrial de diversos produtos que também foi incluída na lista da *Ethisphere*, acredita que, em vez de encarar a ética como uma questão de obediência, "deve-se negociar corretamente, por meio de filosofias internas e compromisso com os clientes. Preferimos perder um negócio a comprometer nossos valores". Ele comentou que, quando uma companhia assume o compromisso de agir com ética nos negócios, "você pode afastar a direção, que a base continua trabalhando".[9]

VISANDO À VIRTUDE NA GENERAL ELECTRIC

O mundo mudou. As empresas de hoje não são admiradas (...). Existe hoje um abismo mais profundo do que nunca entre os que têm e os que não têm. Cabe a nós usar nossa plataforma para sermos bons cidadãos, não só porque isso é algo bom de se fazer, mas porque é um imperativo empresarial. Os bons dirigentes retribuem. A era em que vivemos é das pessoas que acreditam nelas mesmas, porém se concentram nas necessidades das outras.[10]

JEFF IMMELT, presidente da GE

A General Electric (GE) é uma das companhias mais destacadas do mundo com 320.000 funcionários, dos quais aproximadamente metade trabalha fora dos Estados Unidos, e com uma capitalização de mercado de 375 bilhões de dólares no final de 2007. Seu presidente até 2000, Jack Welch, foi considerado um dos administradores mais competentes de nossa época. Muitos duvidaram que seu sucessor, Jeff Immelt, fosse capaz de manter o mesmo nível elevado de desempenho. Para grata surpresa dos observadores da GE, Immelt tem sido altamente bem-sucedido; uma surpresa ainda maior foi ele ter dito aos 200 integrantes do alto escalão que seria preciso "virtude" para manter a empresa no topo, além de um "pessoal esplêndido", "crescimento" e uma "execução excelente".

Por que Immelt acrescentou o objetivo de alcançar a virtude? Uma das razões foi melhorar a reputação da GE e reduzir os riscos nessa área. Nenhum desastre natural é capaz de reduzir tão depressa o valor de uma empresa quanto problemas de reputação. Basta lembrarmos como a Arthur Andersen, uma firma contábil com 70 mil funcionários, praticamente fechou da noite para o dia depois que sua reputação foi abalada pelo escândalo da Enron nos Estados Unidos. Como outro exemplo, 40% da capitalização de mercado (9 bilhões de dólares de valor de mercado) da Marsh McLennan, uma grande instituição financeira e de seguros, desapareceram quando ela foi acusada de obter lucros de forma desonesta.

A segunda razão para promover a virtude é que um número cada vez maior de investidores institucionais vem exigindo saber se a empresa age com responsabilidade em todos os aspectos de suas operações. Isso responde por ações mais negociáveis no mercado.

A terceira razão foi motivar o pessoal da GE. Os funcionários preferem trabalhar para empresas que, como disse Immelt, "fazem diferença, empresas que realizam coisas importantes no mundo".

Talvez a razão mais importante tenha sido a ambição da GE de ser excelente em tudo o que faz. Todos os anos, a companhia organiza um programa de três semanas para os executivos nas casas dos 30 e 40 anos de idade, considerados possíveis dirigentes da GE no futuro, e escolhe um tema diferente a cada ano. Em 2002, Immelt pediu ao grupo que estudasse a responsabilidade social da empresa. Os integrantes fizeram perguntas a um grande número de companhias, investidores, reguladores e ativistas de destaque sobre a reputação da GE em relação à responsabilidade social. O resultado foi muito negativo, mostrando que ela estava numa posição bem inferior à de outras grandes empresas.

Conhecida por sua incrível velocidade de execução, uma vez tomada a decisão, a GE instituiu um programa de treinamento para conscientizar todos os empregados da importância da virtude. A diretoria deu início a um curso intensivo para melhorar o desempenho ambiental nas atividades da empresa e adquiriu um equipamento gerador de energia solar e uma companhia purificadora de água, além de se associar a uma firma produtora de energia eólica. A GE conduziu auditorias em seus fornecedores nos países em desenvolvimento, para se certificar de que eles cumprissem as normas ambientais, sanitárias e trabalhistas. Como resultado, resolveu não fazer negócios em Mianmar (Birmânia), porque o governo daquele país era um notório violador dos direitos humanos. A companhia iniciou diálogos com fundos de investimento socialmente responsáveis e, em 2004, foi aceita no Índice Dow Jones de Sustentabilidade Global e se tornou uma das 300 melhores empresas de sua categoria.

Immelt sabe que as mudanças complexas exigem um ponto focal na organização, com uma pessoa responsável por impulsionar a mudança. Assim, nomeou um vice-presidente de cidadania empresarial, que responde diretamente a ele.

A GE também acredita firmemente no mérito da diversidade entre seus funcionários. Recebeu prêmios de destaque por ter promovido mulheres e afro-americanos a cargos executivos. Os integrantes do Fórum Afro-americano da GE perguntaram a Immelt se a empresa poderia fazer algo mais na África. Embora ele não conseguisse identificar um negócio que pudesse ser instalado naquele continente, decidiu investir 20 milhões de dólares num projeto de assistência médica em Gana, país em que a GE praticamente não tem negócios. Immelt disse que poderia justificar de várias maneiras esse projeto, que não trazia nenhum retorno sobre o investimento:

- *Se considerarmos o longo prazo, há uma chance razoável de que o continente africano venha a se tornar um mercado que queiramos alcançar.*
- *Os jovens afro-americanos têm um incrível fascínio pela África. Eles veem esse gesto como algo extremamente positivo.*
- *Mantemos esse projeto porque a GE quer ser conhecida como uma boa empresa no mundo inteiro, e não apenas nos Estados Unidos.*

A "virtude" refere-se à excelência moral em ação. É o que os budistas chamam de Conduta Correta. Quando os executivos da GE foram solicitados a descobrir qual era a reputação da firma no campo da responsabilidade social, a empresa mostrou seriedade quanto a descobrir como as coisas realmente eram, isto é, quanto à realidade ou à Visão Correta. Estou convencido de que, se muitas outras companhias fizessem o mesmo, também ficariam decepcionadas com os resultados e mais medidas corretivas seriam tomadas.

A GE não vem apenas fazendo declarações hipócritas, mas tomando providências, ao encarregar alguém do trabalho e implementar programas educacionais e auditorias. Isso mostra que sua liderança vem usando com eficácia os princípios da Visão e da Conduta Corretas.

"GULLIVER E OS LILIPUTIANOS" NA SHELL

A Brent Spar era uma plataforma flutuante de armazenagem de petróleo com 167 metros de altura (quase o dobro do Big Ben), de propriedade da Shell Oil Company. Com os tanques vazios, pesava cerca de 14.500 toneladas, tendo aproximadamente o tamanho de uma grande balsa de travessia de canais. A Shell já não precisava desse depósito flutuante e, depois de obter a aprovação do governo britânico, planejava afundá-lo no Atlântico Norte. Os protestos da organização ambientalista Greenpeace e a cobertura da imprensa forçaram a companhia a mudar os planos.

Heinz Rothermund (diretor-gerente da Shell UK Exploration) comentou:

A Brent Spar transformou nossa visão. Ela não é um problema ambiental, como muitos acreditam, mas entrará na história como um símbolo da incapacidade da indústria de dialogar com o mundo exterior.[11]

Rothermund reconheceu que a Shell não havia considerado o efeito de suas ações no público em geral e que, no futuro, seria necessário fazê-lo. Indicou que a empresa poderia ter reagido responsabilizando os governos, cedendo aos protestos violentos, ou acusando o Greenpeace de apresentar provas incorretas (pelo que a organização se desculpou posteriormente), ou poderia fazer um exame de consciência. Optou pelo exame de consciência. A Shell concluiu que essa situação poderia se repetir e que suas decisões deveriam ser tomadas de outra maneira. Constatou que precisava se preocupar mais com a reação da sociedade em geral a suas ações. Teve também de admitir que muitas pessoas não acreditavam em suas declarações a respeito de seu desempenho ambiental: a questão não é “diga-me”, mas “prove-me”.

Cor Herkströter, então presidente do conselho de diretores, assumiu o seguinte compromisso:

Por meio de nossas ações futuras, esperamos demonstrar que os interesses fundamentais da empresa e da sociedade são inteiramente compatíveis — que não tem que haver uma escolha entre o lucro e os princípios.[12]

A Shell figurou entre as primeiras companhias a registrar seus princípios de conduta ética num documento e a incentivar seus empregados a aplicá-los.

Outra consequência do incidente com a Brent Spar foi que a Shell abraçou o princípio do “engajamento”, o que significa incluir os subsídios fornecidos por diferentes organizações externas à empresa em seu processo de tomada de decisões. Essas organizações não têm autoridade formal sobre as decisões tomadas pela Shell, mas exercem uma importante influência informal, porque a companhia ouve atenciosamente suas opiniões, explica suas próprias ideias e se engaja num diálogo construtivo.

Num artigo escrito 10 anos depois do fracasso da Brent Spar, James Smith, gerente-geral da Shell no Reino Unido, declarou:

Aprendemos que, embora a ciência de alto nível e a aprovação dos órgãos reguladores sejam essenciais, elas não são suficientes. Precisamos dialogar com a sociedade — compreender e responder aos interesses e expectativas das pessoas (...). Temos de consultá-las, da maneira mais completa e tão cedo quanto possível, e precisamos estar dispostos a escutar e mudar. Devemos admitir os erros e demonstrar que estamos tentando corrigir as coisas e aprender.[13]

O PAPEL DAS ORGANIZAÇÕES NÃO GOVERNAMENTAIS

Como se pode ver pelo exemplo da Brent Spar, a mídia e as organizações não governamentais têm enorme influência na reputação das empresas. Sem os atos do Greenpeace, o incidente da Brent Spar nunca teria se tornado manchete de jornais. Não apenas essa ONG exibiu um poder maior que o da Shell, como também, nesse caso, obrigou os governos da Inglaterra e da Alemanha a abandonarem o curso de ação escolhido. Este último aspecto ficou muito claro nas palavras de Chris Fay, diretor-executivo da Shell no Reino Unido:

A Shell UK recebeu de sua matriz, o grupo Royal Dutch Shell, a ordem de cancelar o descarte de resíduos no fundo do mar, porque outras subsidiárias europeias vinham se descobrindo numa situação insustentável (...). O Grupo Shell teve de reagir a sua incapacidade de convencer os ministros de alguns governos europeus a aderirem aos tratados de que eles são signatários.[14]

A maioria das ONGs considera que sua responsabilidade é cuidar do bem da população, não das empresas. Em geral, elas se preocupam mais com as grandes empresas globais e menos com as companhias de pequeno e médio portes. E seus atos têm grande influência na maneira como o público percebe as organizações. Infelizmente para as empresas, a credibilidade das ONGs junto ao público é consideravelmente maior que a das companhias globais.

Quase todos os funcionários das ONGs são comunicadores intelectualmente brilhantes, com sólidas convicções morais. Dadas essas características e o tamanho e a distribuição geográfica das ONGs, que às vezes são substanciais, elas se tornam atores de peso na economia global. A maioria das grandes empresas tem se aproximado delas de forma construtiva, ainda que isso não implique fazerem tudo o que as ONGs julgam melhor. Significa que estabelecem com essas organizações um diálogo construtivo e, em alguns casos, contratam ONGs para a realização de estudos. Por exemplo, a empresa de comunicações BT contratou uma ONG para estudar as consequências de terceirizar na Índia parte de suas atividades do Reino Unido. Quando a fabricante de material esportivo Nike constatou que seus inspetores não conseguiam detectar nenhuma prática inaceitável contra os trabalhadores entre seus fornecedores, ela contratou uma organização não governamental que descobriu rapidamente o problema. Os funcionários não confiavam nos inspetores da empresa, mas confiaram nos da ONG.

Tal como aconteceu no caso da Shell, as ONGs e a mídia se apoiam mutuamente. As primeiras são hábeis em mobilizar o interesse dos meios de comunicação, e, juntos, eles exercem uma influência muito forte na reputação das empresas, tornando essencial que estas compreendam seu modo de funcionamento.

O CRESCIMENTO E A INFLUÊNCIA DAS ORGANIZAÇÕES NÃO GOVERNAMENTAIS constituem um fenômeno interessante. Devo admitir que tenho uma predileção pelas organizações que se interessam pelo bem-estar do público, mas me preocupo com a ideia de as ONGs não adotarem uma visão holística e, na maioria das vezes, estreitarem o foco em uma causa particular. Não é razoável pretender que elas tenham uma compreensão melhor das empresas do que os próprios dirigentes. Mas se, mediante o questionamento das ações, a importância da Visão e da Conduta Corretas for destacada, isso será benéfico para todos.

No caso da Shell, parece ter faltado humildade à empresa. Seus dirigentes pensaram: "Nós é que entendemos do assunto; estudamos os métodos alternativos de descarte de materiais e recebemos a aprovação do governo. O que mais se pode querer?" Isso funcionou contra a companhia. A Shell deveria ter se perguntado: "Como a população reagirá ao saber que estamos afundando no oceano uma estrutura de aço enorme e suja?" Se os dirigentes da empresa tivessem sido humildes, teriam percebido que não sabiam a resposta e procurado descobri-la. Se a companhia houvesse organizado um estudo, como Immelt fez na GE, para conhecer a opinião pública sobre ela e seu desempenho ambiental, poderia ter sido alertada a tempo.

Quanto aos líderes governamentais, também eles perderam o contato com a realidade – e repito que, por "realidade", refiro-me a ver as coisas como realmente são. Nem os governos nem a empresa previram o intenso sentimento de um grande número de pessoas quanto ao caráter "sagrado" do mar. As reações emocionais fazem parte da realidade. Quando existem sentimentos exacerbados, é preciso lidar com eles de forma construtiva. Nesse caso, as pessoas ficaram com raiva, e foi preciso um esforço significativo para lidar com essa emoção. Vista por esse ângulo, tenho certeza de que a ideia do "engajamento" é correta. O engajamento adota uma visão ponderada da situação e determina se ela requer um tratamento cuidadoso. Independentemente de onde venha a liderança, o bem-estar da sociedade deve vir em primeiro lugar.

PARA AS EMPRESAS, O DESAFIO CONSISTE EM EXPLICAR AO PÚBLICO QUE realmente existem companhias "boas". As organizações devem se unir nesse esforço. Se os dirigentes expuserem seus princípios e agirem com legitimidade, a reputação das companhias melhorará e um dos benefícios será uma clientela mais fiel.

Quando iniciei este projeto, não tinha certeza de que as empresas pudessem agir de um modo que as fizesse merecer uma reputação inteiramente boa. Agora, estou convencido de que podem. E considero essa meta importantíssima para cada organização e para o empresariado em geral como um dos componentes mais importantes da sociedade.

A tarefa dos líderes que desejam criar mudanças positivas para todos está entre as mais desafiadoras e, ao mesmo tempo, mais recompensadoras do mundo. Se disso resultarem companhias de coração caloroso e forte, a consequência será uma satisfação muito maior com a vida, bem como a felicidade.

Parte III

A LIDERANÇA NUM MUNDO INTERLIGADO

A liderança que reconhece a responsabilidade universal é a verdadeira chuve para a superação dos problemas mundiais

CAPÍTULO SETE

O DESAFIO DA GLOBALIZAÇÃO

O mundo vem se tornando cada vez mais interdependente, e por isso tenho a firme convicção da necessidade de se desenvolver um senso de responsabilidade universal. Precisamos pensar em termos globais, porque os efeitos dos atos de uma nação se fazem sentir muito além de suas fronteiras. A aceitação de normas universais sobre os direitos humanos é essencial no mundo encolhido de hoje. O respeito aos direitos humanos fundamentais não deve permanecer como um ideal a ser conquistado, mas constituir um requisito básico de todas as sociedades humanas.

As barreiras artificiais que dividiam nações e povos têm ruído nos últimos tempos. O sucesso dos movimentos populares no desmantelamento da divisão entre Ocidente e Oriente, que havia polarizado o mundo inteiro durante décadas, foi fonte de grandes esperanças e expectativas. No entanto, ainda resta um imenso abismo no cerne da família humana. Se levamos a sério o nosso compromisso com os princípios fundamentais da igualdade – princípios que, creio eu, são o ponto central do conceito de direitos humanos –, as disparidades econômicas de hoje não podem mais ser ignoradas. Não basta meramente dizer que todos os seres humanos devem gozar de igual dignidade. Isso tem que ser traduzido em ação. É nossa responsabilidade descobrir maneiras de chegar a uma distribuição mais justa dos recursos mundiais.[1]

Em princípio, sou a favor da "globalização" e do conceito de empresas "globais". Antigamente, as comunidades e países podiam viver isolados, se assim o desejassem, porém isso já não acontece. Uma quebra na bolsa de valores de um lado do planeta pode surtir um efeito direto no outro. O terrorismo pode nascer num país e desestabilizar outro, muito distante. O isolamento tornou-se impossível. Em minha opinião, as empresas globais desempenham um papel importante na globalização e podem ser uma força promovedora do bem.

A globalização é vista por muitos como um fenômeno negativo, como causa de uma desigualdade crescente, cujos benefícios são auferidos pelas grandes empresas e pelos que já são ricos. É vista como responsável pela perda de empregos, seja nos países prósperos, nos que estão em desenvolvimento ou nos países pobres, e como causa da imigração legal e ilegal, o que contribui para o desemprego e para índices crescentes de criminalidade. O risco é que os governos venham a implementar políticas que atrapalhem a globalização, em vez de promovê-la.

A meu ver, uma grande causa do aumento da oposição à globalização é a resistência à realidade da impermanência, ao fato de tudo estar sempre mudando. Mudanças que costumavam ocorrer ao longo de décadas dão-se agora em menos de um ano, e as pessoas não estão acostumadas com alterações tão rápidas. No entanto, aceitar a mudança como um aspecto permanente e inevitável da vida é de suma importância.

Lidar construtivamente com a globalização, com todos os seus altos e baixos, é um dos desafios mais relevantes a serem enfrentados pelas empresas e pelos governos. Está claro que ambos têm que administrar muito melhor esse processo, para que ele realmente constitua um avanço positivo e seja percebido como tal.

DAS COMPANHIAS DE COMÉRCIO ÀS ORGANIZAÇÕES GLOBALMENTE INTEGRADAS

As companhias globais mais antigas eram, dito em termos simples, *companhias de comércio* que importavam e exportavam mercadorias. No fim do século XIX e início do século XX, surgiu um novo tipo de empresa global quando as organizações começaram a construir satélites em outros países a fim de poderem reduzir os custos de transporte e importação, bem como de adquirirem uma compreensão melhor de seus clientes. Outra motivação muito importante foi evitar a proibição de exportar, em decorrência da pressão exercida nos governos pelas companhias nacionais. Embora essas *empresas multinacionais* operassem em diversos países, o país-sede era de longe o mais importante. Agora, um número crescente de organizações se vê como *empresas globalmente integradas*, ou "cidadãs do mundo". Em muitos casos, uma companhia se move com sucesso por esses três estágios. Por exemplo, a Toyota começou exportando carros para a França; depois construiu uma fábrica em Valenciennes e, em seguida, um centro de projetos no Sul da França, onde foi criado o modelo Yaris.

O Dalai-Lama considera positiva a progressão das companhias para empresas globalmente integradas.

Esses três tipos representam três níveis de interdependência em matéria de comunicação e dependência entre indivíduos. Na importação e exportação, os contatos são diretos. Envolvem apenas compradores e vendedores. No tipo satélite, as empresas subsidiárias são totalmente dependentes da matriz no país-sede. O grau de interdependência é muito mais intenso. A comunicação entre a matriz e suas filiais inclui a comunicação sobre métodos de produção, política de pessoal, tecnologia e relações com os governos de países estrangeiros. Dirigentes e funcionários de países diferentes, com culturas diferentes, têm que trabalhar juntos de maneira eficaz para lograr êxito. A interdependência da matriz também se modifica. Seu desempenho passa a depender de seu modo de funcionamento não apenas no país-sede, mas também nas sucursais.

A empresa globalmente integrada é o primeiro tipo a que eu me referiria como baseada num "conceito holístico". O ponto de partida já não é uma matriz nacional com filiais, porém uma matriz global que almeja atingir seus objetivos realizando as tarefas onde elas possam ser executadas da maneira mais eficaz, independentemente de que lugar do mundo seja esse. Quando uma dessas firmas aplica os princípios da cidadania empresarial ou da responsabilidade social, ela passa a dar igual consideração às partes interessadas em todos os países em que atua.

Parece-me que, em consequência da interdependência, as empresas globalmente integradas tornam-se, ao mesmo tempo, mais e menos vulneráveis. Se uma de suas fábricas é destruída por um incêndio, há uma boa probabilidade de que outra possa assumir as tarefas que lhe competiam. Isso torna a empresa *inteira* menos vulnerável. Por outro lado, quando o sucesso de um projeto requer a cooperação eficiente de organizações espalhadas por todo o mundo, é preciso que as pessoas possam confiar umas nas outras. Isso exige um alto nível de confiança através das fronteiras, o que vejo como um benefício da globalização. Mas, se uma das unidades participantes não tiver um bom desempenho, as consequências serão sentidas em toda a organização, aumentando a vulnerabilidade de todas as partes. Talvez esse seja um fator motivacional positivo se as pessoas perceberem que seu sucesso depende inteiramente de terceiros. Quando as pessoas enxergarem com clareza quanto dependem umas das outras, se sentirão mais responsáveis e agirão com mais responsabilidade.

É um desafio mudar o trabalho feito no país-sede de uma forma que se harmonize com as crescentes atividades em outros países. Seguir a Visão Correta significa realizar as atividades nos locais que levem aos melhores resultados para a empresa como um todo. As decisões devem ser tomadas de um ponto de vista holístico, levando em conta funcionários, acionistas e outras partes interessadas em todos os países envolvidos. Esse é um processo imensamente complexo. A impermanência se manifesta em enormes mudanças, como a abertura e o fechamento de fábricas, a criação de instalações de pesquisa adicionais em países em desenvolvimento e o reconhecimento de que a melhor solução para o ano seguinte não será a mesma dentro de cinco anos. Nesse contexto, o princípio de examinar as decisões por múltiplas perspectivas é de suma importância: deve-se considerá-las a curto, médio e longo prazos, bem como em relação à troca do eu pelos outros. Por exemplo, inaugurar uma fábrica costuma ser positivo; fechá-la geralmente é negativo. Ambas as coisas são inevitáveis, são parte da impermanência. A tarefa do líder é minimizar o impacto negativo dos fechamentos. Algumas empresas irresponsáveis simplesmente se retiram, enquanto as organizações responsáveis fazem um enorme esforço para ajudar as pessoas a quem já não podem empregar a encontrarem outro trabalho.

Por exemplo, uma empresa de Taiwan que teve de fechar uma fábrica, mas não conseguiu encontrar posições para os funcionários excedentes, chegou a ponto de iniciar uma nova atividade a fim de gerar empregos. Na Suécia, um estaleiro fechou quando não pôde mais competir com os da Coreia e do Japão. Juntos, o governo e a companhia desenvolveram um projeto para estimular o empreendedorismo entre os funcionários, a fim de criar empregos seguros e não subsidiados. Isso implicou treinar pessoas na formação e gerenciamento de pequenas empresas. Atitudes como essa evitam o impacto negativo na imagem da companhia e reduzem os danos gerais.

FORÇA NA DIVERSIDADE

Vejo como um dos mais importantes desafios do mundo atual o estabelecimento de relações harmoniosas entre pessoas de culturas diferentes – raças, religiões, identificações tribais e gêneros. Um problema significativo é que alguns grupos minoritários dominaram a sociedade e usaram sua posição para obter benefícios econômicos, enquanto outras minorias foram discriminadas durante séculos. Agora, a má vontade destas minorias em tolerar essa discriminação é compreensível, mas é lamentável que, em muitos casos, seja causa de conflitos violentos. Testemunhei isso na Índia, com respeito ao sistema de castas. A discriminação deve ser eliminada, mas fazer isso da maneira correta é um grande desafio.

Buda considerava importantíssimo o respeito a todos. Os budistas acreditam que, mesmo quando uma pessoa age mal, ela tem potencial para se tornar boa e merece respeito como ser humano. A base para um relacionamento harmonioso é o respeito – por todas as pessoas, seja qual for a sua origem cultural. Um monge tibetano que foi torturado pelos chineses me disse: "Pude lidar com a dor física. Minha maior preocupação foi que eu já não conseguiria ver o torturador como um semelhante, como um ser humano."

Nelson Mandela expressou nos seguintes termos a atitude correta com relação à diversidade cultural:

No dia 27 de abril de 1994, o povo da África do Sul fundou uma nação com o compromisso de desfazermos o legado de nosso passado segregado, a fim de construirmos uma vida melhor para todos. Não foi um compromisso que assumíssemos de forma leviana. Durante gerações, milhões de pessoas tinham sido deliberadamente reduzidas à pobreza. (...) Durante décadas, lutamos por uma sociedade não racial e não sexista e, antes mesmo de chegarmos ao poder, na histórica eleição de 1994, nossa visão da democracia foi definida, entre outros, pelo princípio de que nenhuma pessoa, ou grupo de pessoas, deveria ser submetida à opressão, à dominação ou à discriminação em virtude da raça, gênero, origem étnica, cor ou credo. Ao assumirmos o poder, optamos por considerar como uma fonte de força a diversidade de cores e línguas que um dia fora usada para nos dividir.[2]

Dada a importância de lidar da maneira correta com a diversidade cultural, interessei-me por obter mais informações sobre o modo como as empresas globalmente integradas estavam lidando com essa questão. Foi uma agradável surpresa constatar que algumas veem a diversidade cultural de seus funcionários como um benefício significativo.

> Em 2005, a IBM Corporation, sob a liderança de seu presidente, Samuel Palmisano, foi a primeira empresa a anunciar publicamente a aplicação do conceito de "cidadãos do mundo".[3] Ela havia concluído que as inovações eram necessárias em escala global e que o modelo calcado em satélites, como uma empresa matriz e filiais dependentes, já não era viável.
>
> Como exemplo da maneira como esse conceito funciona na prática, a IBM levou a sério sua declaração de princípios e valores, que dizia: "Somos sensíveis às necessidades de todos os funcionários e às comunidades em que atuamos." Elaborou declarações detalhadas de responsabilidade em toda a sua cadeia de suprimentos, comprometendo os parceiros com os mesmos padrões elevados impostos por seus líderes:
>
> *Nas relações com nossa cadeia de suprimentos, sabemos que o considerável poder aquisitivo de nossa companhia é um recurso ímpar, que devemos administrar com responsabilidade, e assim fazemos. A IBM gasta quase 2 bilhões de dólares por ano com diversos fornece-*

dores, o que é mais, por exemplo, do que qualquer outra empresa de tecnologia. No entanto, mais do que administrar nossos gastos, temos a responsabilidade de nos comprometermos — e de comprometermos nossos fornecedores — com elevados padrões de conduta. Isso significa cumprir todas as leis e regulamentos aplicáveis. Porém vai mais longe. Exige o firme compromisso de trabalhar com os fornecedores para incentivar práticas sólidas e desenvolver mercados globais bem estruturados.

Sempre mantivemos um canal de comunicação aberto com os fornecedores para estabelecermos as expectativas. Hoje em dia, num mercado mundial cada vez mais interligado, as expectativas de todos os agentes em toda a cadeia de suprimentos se elevam. Por isso, estamos reafirmando nossas políticas existentes e instituindo algumas práticas novas, explicitadas em (nossos) Princípios de Conduta dos Fornecedores. Esses princípios estabelecem para nossos fornecedores os padrões mínimos que esperamos deles, como precondição para fazerem negócios com a IBM. A IBM terá o direito de tomar medidas contra os fornecedores que não cumprirem esses princípios, inclusive encerrando o relacionamento com eles.

Nosso objetivo é trabalhar com os fornecedores no intuito de fomentar o pleno cumprimento desses princípios, enquanto eles, por sua vez, deverão aplicá-los a suas extensas fontes de abastecimento, empenhadas na produção de bens e serviços para a IBM. Consideraremos esses princípios e a adesão a eles em nosso processo de seleção e buscaremos seu cumprimento contínuo, por meio de uma monitoração ativa do desempenho.[4]

A IBM foi a primeira empresa americana a nomear para a chefia de suas companhias europeias cidadãos naturais dos países onde tais companhias atuam, em vez de americanos. A lógica da diversidade cultural foi expressa nas seguintes palavras por Palmisano:

A diversidade na IBM é um imperativo empresarial. Nossos clientes são diversificados; por isso, devemos compreender sua diversidade, sabendo quem eles são, como pensam e o que querem. A IBM não pode se declarar dedicada ao sucesso de todos os clientes se não compreendê-los. E esses clientes não poderão ser entendidos, a menos que a IBM tenha funcionários provenientes dos mesmos grupos diversificados.

A diversidade também é a pedra angular das inovações. De acordo com os estudos feitos pela IBM, 50% do crescimento do PIB dos Estados Unidos, durante a segunda metade do século XX, baseou-se em inovações. A inovação costumava ocorrer nos países ocidentais e ser exportada para outras partes do mundo. Isso mudou. As inovações tornaram-se globais em dois sentidos. Primeiro, quando um novo produto entra no mercado, ele fica mundialmente disponível. Bons exemplos disso são os telefones celulares e os computadores. Segundo, as inovações dependem de discernimento e inventividade. O discernimento requer compreensão do mercado global, e a inventividade exige tantos insumos inovadores construtivos quantos seja possível. A companhia dotada de uma força de trabalho diversificada pode gerar muito mais perspectivas e discernimento do que um grupo monocultural de homens brancos. A experiência da IBM é que, para inovar com rapidez, é preciso ter um processo que seja colaborativo, multidisciplinar e global. Trabalhar com eficiência, cruzando fronteiras e culturas, exige confiança entre os funcionários, a empresa e o mercado. A confiança só pode ser construída com base no princípio do respeito pelo outro.

Adotar a diversidade como meta tem muitas consequências. Um exemplo da tolerância da IBM para com as diferentes práticas culturais é que, à medida que cresce o número de funcionários muçulmanos, a empresa vem convertendo escritórios nos Estados Unidos e no Canadá em salas de oração, e os toaletes foram reprojetados para incluir boxes em que esses funcionários possam fazer a preparação purificadora para suas orações.

A GE é outra grande empresa global que vê o mundo como sua casa. Jeff Immelt disse: "Nosso compromisso é ter um bom desempenho e sermos bons cidadãos globais. (...) Todos os dias adotamos medidas que alinham cada vez mais o nosso desempenho com o padrão do que significa ser um cidadão confiável." A GE chegou à mesma conclusão que a IBM, como mostra a seguinte declaração:

A GE precisa tornar-se mais parecida com seus clientes. Isso significa mais chineses, mais indianos, mais negros e mais mulheres, especialmente no alto escalão.

Que ninguém se iluda: criar um relacionamento eficiente e harmonioso entre pessoas de origens diferentes é um enorme desafio. O principal problema é a falta de confiança. Ao operar num meio conhecido, as pessoas têm uma boa ideia daqueles em quem podem confiar. Mas não ficam tão seguras quando lidam com pessoas de culturas diferentes.

Temos que enfrentar a realidade de que, durante séculos, foi dito a muitos grupos de pessoas que elas eram superiores aos membros de outros grupos, ou que era perigoso se relacionarem com certos indivíduos. Erradicar esses preconceitos leva tempo. Muitos afirmam que isso levará várias gerações, mas não concordo. As empresas globais mostram que é possível obter resultados positivos com bastante rapidez.

A CONCORRÊNCIA É UM MEIO PARA UM FIM

Um dos resultados da globalização é a competição crescente. Ela gera uma força muito poderosa no sentido de produzir o que as pessoas querem a preços razoáveis. Entretanto é um meio, não um fim. O fim é gerar benefícios para todos. Então, por que é tão difícil chegar a uma concorrência leal e a uma distribuição justa desses benefícios?

A concorrência gera riqueza. Quando os líderes das empresas estão interessados apenas em enriquecer o mais rápido possível, com pouca ou nenhuma consideração pelas consequências negativas para outras pessoas, a concorrência é usada da maneira errada.

Se desconsiderarmos algumas ações obviamente nocivas, como vender produtos perigosos ou fazer afirmações desonestas sobre um produto, as três práticas competitivas mais prejudiciais são a eliminação da concorrência por meio da criação de monopólios, a formação de cartéis e a corrupção. Embora sejam ilegais em quase todos os países, essas práticas ainda são muito difundidas. Os governos devem desempenhar seu papel de impedir essas atividades e manter uma competição legítima.

Os próprios governos também se envolvem na distorção da concorrência, especialmente no plano global, ao subsidiarem suas empresas nacionais e criarem barreiras comerciais a fim de protegê-las da concorrência. Hoje em dia, a maioria dos subsídios dos países prósperos é concedida ao setor agrícola, mas os governos enfrentam um problema: se reduzirem radicalmente essa proteção, num curto espaço de tempo isso poderá levar a um alto nível de desemprego.

Outro fator que conduz à concorrência desleal é a pressão exercida sobre as autoridades governamentais por grupos de interesse. As empresas têm o direito e o dever de informar o governo sobre assuntos relevantes para medidas políticas que ele deseje implementar, mas, em muitos casos, as companhias ou suas associações não consideram as consequências de uma dada política para o público em geral, vendo-a apenas por seu próprio ponto de vista. Esse é um exemplo claro da adoção de uma perspectiva egoísta, uma visão errada.

Mais uma observação sobre a concorrência: muitas pessoas veem apenas a competição e não percebem que existe também um enorme grau de cooperação. A capacidade de concorrência de uma empresa depende da cooperação eficaz entre todos os seus funcionários. Além disso, a companhia pode ter que cooperar com um grande número de fornecedores. Muitos concorrentes até cooperam entre si em áreas como o estabelecimento de normas de segurança e desempenho. A concorrência desleal e desonesta realmente acontece, mas é possível competir respeitando padrões éticos.

Quando enfrentamos a realidade, é óbvio que não podemos imaginar uma sociedade moderna sem a concorrência como um dado da realidade. Não estou dizendo que damos neste livro todas as respostas para fazê-la funcionar de maneira eficaz para todos. Mas creio que muitas sugestões que já fizemos sobre adotar a Visão e a Conduta Corretas podem criar uma forma de competição mais positiva. Isso também vale se considerarmos os problemas ambientais do mundo.

ENFRENTANDO O DESAFIO AMBIENTAL

Para as empresas globais, o desafio está em se tornarem pioneiras na transformação do mundo num lugar melhor, particularmente quando a combinação do rápido crescimento populacional com a elevação do padrão de vida ameaça a viabilidade de nosso planeta. Quando falamos de organizações com a capacidade e a habilidade de realizar coisas, as empresas globais situam-se no topo da lista, em especial as globalmente integradas, que se acham numa posição ideal para ajudar os países em desenvolvimento a se nivelarem aos desenvolvidos. As empresas globais também têm a competência e os recursos para solucionar problemas ambientais, se houver uma estrutura governamental adequada.

TURBINAS EÓLICAS NA ÍNDIA[5]

Tulsi Tanti, um engenheiro indiano, era proprietário e diretor de uma pequena empresa têxtil. Seus lucros eram prejudicados pelas constantes interrupções no fornecimento de energia. Para solucionar o problema, ele comprou duas turbinas eólicas para gerar a energia de que precisava. Em 2000, leu a respeito do aquecimento global. "De repente, tive uma visão muito clara: se os indianos começarem a consumir energia como os americanos, o mundo esgotará seus recursos. Ou impedimos que a Índia se desenvolva, ou encontramos uma solução alternativa", disse. Esse é um exemplo da Visão Correta.

Como exemplo da Conduta Correta, Tanti vendeu sua tecelagem e entrou no ramo de turbinas eólicas. Em 2007 tinha se tornado o quarto maior produtor mundial dessas turbinas, com uma receita de 850 milhões de dólares. Ele comentou: "É, os econegócios são um bom negócio. Mas não se trata apenas de obter lucros. Trata-se de sermos responsáveis." Tanti começou a vender suas turbinas eólicas, mas logo se deu conta de que não era nelas que os compradores estavam realmente interessados: queriam um fornecimento de energia em que pudessem confiar. Ele modificou o modelo de sua empresa para vender energia e organizou pessoalmente o financiamento, a instalação e a manutenção das turbinas. Sem essa inovação, nunca teria obtido tanto sucesso.

Tanti realizou uma proeza incrível ao comprar uma fabricante alemã de turbinas eólicas, a RE Power, por 1,7 bilhão de dólares. A companhia francesa Areva, uma das mais poderosas fornecedoras de energia do mundo, controlada pelo governo francês e gerenciada por um dos melhores administradores da França, com uma receita de 13,7 bilhões de dólares, já possuía 30% da RE Power. Tanti disse: "Posso pegar uma empresa com uma margem de lucro de 4% e transformá-la numa companhia com margem de 20%. A Areva não pode. Por isso, desde o começo eu soube: o que quer que eles oferecessem, eu poderia pagar mais." Isso ilustra algo que Buda dizia: "O maior tesouro que o homem pode ter é a autoconfiança."

Agora, Tanti dirige uma empresa realmente global: as usinas são projetadas na Holanda, as turbinas são fabricadas na Alemanha e as pesadas peças de aço, bem como a instalação, são fornecidas pela Índia. O bem-estar de todos os envolvidos aumentou. A razão de Tanti ter um sucesso excepcional na Índia é o funcionamento precário do abastecimento de energia elétrica do país. Obter um fornecimento confiável de energia justifica o pagamento de um preço mais alto do que as pessoas se disporiam a pagar se o abastecimento energético da Índia fosse confiável. Não há necessidade de subsídios governamentais.

CRÉDITOS DE CARBONO NUMA COMUNIDADE DE PÁRIAS[6]

Outro exemplo, também proveniente da Índia, mostra como a globalização ajudou lavradores da agricultura de subsistência a saírem da pobreza abjeta para um padrão de vida digno e contribuiu para reduzir o problema do aquecimento global. Trata-se de um exemplo de como o pensamento inovador e a motivação certa podem obter excelentes resultados. As partes envolvidas foram o Banco Mundial, uma fábrica de papel, uma pequena ONG indiana e um líder com a motivação correta e um esforço entusiasmado.

O projeto foi feito numa das áreas mais pobres da Índia, onde metade da população pertence à casta inferior, ou, mais precisamente, aos "intocáveis" ou párias, os mais pobres dentre os pobres, com uma taxa de analfabetismo de 90%. Essas pessoas viviam na pobreza crônica e mal conseguiam sobreviver. No entanto, apesar da pobreza, não queriam sair de lá. Surpreendentemente, 60% de suas terras não eram cultivadas. Com o projeto, os lavradores passaram a plantar árvores nessa área sem cultivo, a vender os troncos para a indústria de papel, conservar os galhos para usar como lenha e receber pelos créditos de carbono que produzem. Esse projeto, que levou quatro anos para ser implementado, acabará por abarcar 3.500 hectares (cerca de 8.500 acres) de terra e permitirá que 3 mil lavradores da agricultura de subsistência saiam da pobreza abjeta.

Esse plano nunca seria bem-sucedido sem a liderança de Masabathula Satyanarayana, um profissional com formação em administração florestal. "O mercado de carbono é a minha paixão", disse ele, que percebeu que reduzir o impacto do aquecimento global e usar os créditos de carbono poderiam levar a um aumento da cobertura florestal.

Era preciso encontrar um tipo de árvore adequado para o cultivo. Felizmente, a fábrica de papel era adepta da sustentabilidade e havia escolhido um tipo de eucalipto que tanto convinha ao meio ambiente quanto à produção de papel. Ela assegurou a compra das árvores depois de quatro anos, garantia esta que era necessária para que os lavradores obtivessem um empréstimo. Outro obstáculo era a falta de conhecimento e de autoconfiança dos lavradores, o que foi solucionado com o treinamento. O líder do projeto declarou:

Esses lavradores sempre foram pobres, assim como seus ancestrais. Se fazemos uma experiência e ela dá errado, não há como amortecer o choque, é um desastre. Temos de gastar muito tempo ganhando a confiança deles, demonstrando como a coisa funcionará.

Por fim, para tornar o projeto realmente atraente, foi preciso convencer o Banco Mundial a conceder créditos de carbono que pudessem ser vendidos. Esse também foi um processo longo e difícil, que por pouco não falhou, visto que o Banco Mundial temia que a capacidade de gerenciamento do projeto fosse muito baixa. Mais uma vez, a perseverança e a autoconfiança de Satyanarayana o salvaram.

Exemplos como esses são animadores, porém é preciso fazer muito mais para evitar a catástrofe ambiental. Somos todos responsáveis pelo que acontece e acontecerá no mundo. Cada um de nós tem alguma influência sobre o que vai ocorrer. Se nos considerarmos impotentes, teremos chegado a um estágio de desespero. O desespero nunca resolveu nada. Os problemas mundiais não são impostos por uma força externa, são nossa responsabilidade.

Quando percebem e aceitam essa responsabilidade universal, as companhias globais podem fazer uma contribuição muito maior que os produtos que vendem e os benefícios diretos que conferem a seus funcionários, clientes, acionistas e outras partes interessadas. Juntos, as organizações e os governos podem desempenhar um papel importante, ajudando a solucionar os problemas ambientais e a fazer as pessoas se interessarem mais pelo bem-estar das outras, não apenas em seus próprios países, mas no mundo inteiro.

CAPÍTULO OITO

EMPREENDEDORISMO E POBREZA

A pobreza é um grande problema nos países pobres e em desenvolvimento. Mas é um problema da mente, não de falta de recursos ou de falta de inteligência da população. Se todas as pessoas, organizações e governos utilizassem os princípios da Visão e da Conduta Corretas, o resultado seria um rápido progresso.

Quatro condições são necessárias para gerar esse progresso. Primeiro, o governo do país deve estar motivado para aumentar o bem-estar de todos os cidadãos, e não apenas o de uma elite econômica e dos membros do governo. Segundo, o sistema econômico tem que se desenvolver conforme os princípios de uma economia de livre mercado responsável. Terceiro, a regulamentação deve estimular o espírito empreendedor. Por fim, o planejamento familiar voluntário deve ser feito com mais sucesso, a fim de reduzir a taxa de crescimento populacional.

Em consequência disso, a população passará da agricultura para a indústria e os serviços, as cidades crescerão e o número das pessoas que vivem em áreas rurais e trabalham na agricultura declinará. A pobreza extrema concentra-se nas áreas rurais. É impossível solucionar o problema da pobreza sem que as pessoas saiam do interior para as cidades. Mas isso só pode ser feito se elas puderem encontrar empregos dignos nas zonas urbanas. Essa transição requer a aceitação da impermanência por todos os cidadãos. Quando as pessoas não querem se deslocar nem mudar de emprego, é impossível resolver o problema da pobreza. O mesmo se aplica ao tamanho da família.

Só é possível ter sucesso na geração de empregos por meio do empreendedorismo. Buda reconhecia o trabalho empresarial como uma atividade valiosa. Incentivava os empresários a obterem sucesso, tornando-se dignos de confiança e se mantendo atentos ao que fosse vendável. Também sugeria que eles economizassem para os tempos difíceis e repartissem parte de seus resultados com os funcionários.

De acordo com o budismo, a primeira tarefa de todo chefe de família é cuidar de si mesmo. Só depois disso ele pode começar a cuidar de outras pessoas. Progredir economicamente depende de "agregar valor". Como vimos no exemplo sobre reflorestamento, quando os lavradores da agricultura de subsistência adicionaram as árvores à produção de alimentos, sua prosperidade aumentou. Se os lavradores pobres continuarem a trabalhar como fazem hoje, permanecerão pobres para sempre. A engenhosidade pode agregar valor, mas, na maioria dos casos, o empresário iniciante precisa de capital. Se os lavradores não tivessem conseguido pegar empréstimos com base no contrato com a fábrica de papel, o projeto teria fracassado.

A mulher que faz vestidos à mão num país pobre é muito pobre. Se comprar uma máquina de costura, ela poderá produzir mais e ganhar mais. E se for uma empresária mais talentosa, capaz de vender mais vestidos do que consegue produzir e contratar outras mulheres para trabalharem para ela, será ainda mais próspera. Trata-se de um processo muito simples. E, quando se sobe na escala social, o conhecimento e a instrução tornam-se cada vez mais importantes.

Quando se trata de proporcionar um padrão de vida digno, o empreendedorismo é uma excelente maneira de o indivíduo cuidar de si mesmo e de outros. Os pobres consomem muito pouco porque ganham muito pouco. Se ganharem mais, consumirão mais. O empreendedorismo é, sem dúvida, o método mais eficaz para que a pessoa ganhe melhor e se torne um membro participante da economia. Os governos podem estimular o empreendedorismo dos pobres por meio de muitas medidas, como conceder direitos de posse da terra aos que vivem em zonas miseráveis ou facilitar o registro e a criação de empresas dentro da lei. Essa é a Visão Correta. A visão errada é julgar que as pessoas dos países em desenvolvimento são preguiçosas, não querem trabalhar e só fazem sonhar com o amanhã.

Não importa de que parte do mundo venhamos, todos somos seres humanos. Todos almejamos a felicidade e tentamos evitar o sofrimento. Temos as mesmas necessidades e interesses humanos básicos. Todos os seres humanos querem a liberdade e o direito de determinar seu destino como indivíduos e como povos e, para isso, precisam da oportunidade de se elevarem acima da pobreza abjeta. É da natureza humana querer essas coisas, e somos nós que temos o poder de proporcioná-las.

MUDANDO DE PERSPECTIVA

Depois de conquistar a independência em 1947, a Índia adotou uma política de autossuficiência e substituição de importações, o que significou que, em vez de importar produtos, ela expandiu suas próprias indústrias a fim de desenvolver a economia interna.

Essa política foi implementada com uma intensa participação governamental, determinando os produtos a serem produzidos e onde fabricá-los no país. Pouquíssimas atividades empresariais podiam ocorrer sem a iniciativa ou a aprovação de um departamento do governo em Nova Délhi, também conhecido como sistema de "licença raj". Essa política restritiva e alguns outros fatores levaram a uma crise financeira em 1991, ocasião em que o governo convidou Manmohan Singh, um sique com ph.D. em economia em Oxford, para o cargo de ministro das Finanças. O Dr. Singh aceitou o convite e rapidamente identificou o problema, dizendo ao primeiro-ministro:

Estamos à beira de uma crise econômica. É possível que entremos em colapso, mas, se adotarmos medidas ousadas, há uma chance de nos recuperarmos e de transformarmos isso numa oportunidade. Devemos converter esta crise na oportunidade de construir uma nova Índia.[1]

Em seguida, disse ao parlamento:

Victor Hugo afirmou que "Nada pode deter uma ideia cujo momento é chegado". Podemos seguir o caminho tradicional, apertar o cinto cada vez mais, porém, se o fizermos, isso levará a mais miséria e mais desemprego. Existe uma via alternativa. A ideia cujo momento é chegado é que a Índia deve emergir como uma grande potência global e econômica. Essa via alternativa é a estabilização econômica e um "programa de ajuste estrutural digno de crédito".

O que vinha a ser esse "programa de ajuste estrutural digno de crédito"? Ele consistiu em abandonar a política de substituição de importações e abrir a Índia para as importações, dessa forma incentivando o empreendedorismo. Nas palavras do Dr. Singh:

Tiramos o governo das costas da população da Índia, sobretudo das costas dos empresários indianos. Introduzimos a concorrência, tanto interna quanto externa. Fizemos com que assumir riscos se tornasse muito mais atraente e lucrativo. Assim, procuramos criar um ambiente que levasse ao crescimento das empresas. Eliminamos um grande número de controles e regulamentações que, no passado, haviam reprimido o espírito de inovação e o empreendedorismo e reestruturamos o âmbito da competição interna e externa. Como resultado, na década de 1990, o aumento da produtividade na indústria indiana foi muito mais rápido do que em qualquer época anterior.

Embora os detalhes fossem escassos na ocasião, o Dr. Singh disse mais tarde, numa entrevista:

Meu sonho era que, como estávamos numa crise, empreendêssemos mudanças estruturais básicas. Disso emergiria uma nova Índia, um lugar em que não haveria pobreza, livre da miséria, da ignorância e da doença. Isso se obteria à medida que o país se tornasse um grande ator na economia mundial. Foi essa a visão que inspirou nossas reformas econômicas.

O Dr. Singh representou uma mudança vital nas diretrizes políticas: confiar nos empresários, e não em órgãos do governo, para gerar empregos e reconhecer que, para fazê-lo, o empresariado precisava de liberdade. Ele também identificou certos elementos cruciais: nada daquilo teria êxito sem normas para facilitar a criação de novas empresas dentro da lei, assegurar os direitos de posse e propriedade e garantir a independência judicial e tribunais imparciais. Voltaremos a esses pontos mais adiante, neste capítulo.

As reformas econômicas a que o Dr. Singh se referiu foram fortemente influenciadas pelo que ele havia observado na Coreia do Sul. Esse país havia partido, em 1950, de uma situação semelhante à da Índia. Junto com algumas outras nações da Ásia Oriental, havia conseguido, no intervalo de uma geração, transformar o caráter de sua economia e, nesse processo, erradicar a pobreza. A Coreia do Sul dera mais ênfase ao ensino fundamental e ao sistema de saúde, prioridades que não se firmaram na transformação da Índia.

Em seu exílio na Índia, o Dalai-Lama testemunhou em primeira mão o desenvolvimento do país:

O Dr. Singh modificou as políticas econômicas que tinham sido estabelecidas por Nehru, o primeiro ocupante do cargo de primeiro-ministro depois da libertação da Índia. Encontrei-me várias vezes com Nehru e sempre fiquei impressionado com sua bondade, em palavras e atos, em relação a nós, os tibetanos exilados em seu país. Ele também me deu a impressão de ser uma pessoa muito inteligente, que se importava sinceramente com os interesses de todos os indianos, de modo que interpretei seu papel na crise econômica como o de alguém que tinha uma boa motivação.

O Dr. Singh fornece um excelente exemplo do que chamaríamos de "capacidade de mudar de perspectiva". Isso se refere à capacidade de ver um problema por ângulos diferentes. Ao fazê-lo, a pessoa pode transformar uma ameaça numa oportunidade, como ele fez. Quando falo em adotar uma perspectiva mais ampla, isso inclui examinar uma situação por diferentes pontos de vista – o nível pessoal, comunitário, nacional, a perspectiva econômica, do bem-estar, do governo, empresarial, tudo levando em conta o curto e o longo prazos.

Quando se enfrenta uma crise de natureza global, como a degradação do meio ambiente ou problemas na estrutura econômica, o esforço coordenado e bem-arranjado entre muitas pessoas, com senso de responsabilidade e compromisso, torna-se uma necessidade absoluta. É claro que a mudança deve começar dentro do indivíduo, mas, quando se buscam soluções globais, é preciso ser capaz de abordar esses problemas tanto do ponto de vista do indivíduo quanto da sociedade em geral. Para os líderes, encontrar soluções requer que tenham uma mente flexível e ágil. Diante de um problema como o do Dr. Singh, o líder precisa de um nível altíssimo de conhecimento e competência para identificar a perspectiva correta – e agir de acordo com ela.

AJUDANDO O EMPREENDEDORISMO A FLORESCER

Duas das condições necessárias para estimular o empreendedorismo são que os governos tenham a motivação correta e que a regulamentação certa seja estabelecida e implementada. Esses dois aspectos se vinculam. Por exemplo, um governo com a motivação errada não estabelece leis adequadas; em tais países, aliás, é possível encontrar autoridades governamentais vivendo no luxo, em meio à pobreza generalizada do restante da população. A motivação correta significa que o governo percebe seu papel como sendo o de cuidar do bem-estar de todos os cidadãos do país, especialmente os pobres.

FACILITAR A CRIAÇÃO DE NOVAS EMPRESAS

Parece estranho, mas a verdade é que é muito mais difícil um empreendedor abrir uma empresa num país pobre do que numa nação próspera. Em muitos países pobres, é quase impossível ele estabelecer uma firma legalmente: o processo é demorado, complexo demais e custa muito mais do que ele pode pagar. A única saída é operar no mercado informal, e, a rigor, o tamanho desse mercado, em muitos países pobres, é maior que o do mercado oficial. Esses são fatos conhecidos, mas os governos desses países têm grande dificuldade de modificar a legislação, muitas vezes por causa das elites econômicas e profissionais que ganham dinheiro com a concessão de aprovações para a abertura de empresas — advogados, instituições profissionais e um grande número de órgãos de governo, todos os quais desejam ser pagos, seja oficial ou, como acontece muitas vezes, oficiosamente.

O governo precisa ter coragem, autoconfiança e destemor para enfrentar grupos de interesse como a elite econômica e agir em benefício da sociedade em geral. A preocupação dos profissionais e dos funcionários do governo com a consequente perda de renda é compreensível, mas sua situação ficará muito melhor quando a economia começar a florescer, como resultado do empreendedorismo bem-sucedido. Afinal, advogados e contadores são bem remunerados nos países prósperos.

ASSEGURAR OS DIREITOS DE POSSE E PROPRIEDADE

Ter assegurados os direitos de posse e propriedade e confiar que os tribunais sustentarão esses direitos são questões muito importantes para o aumento dos investimentos e da produtividade de um dado mercado. As companhias e os indivíduos agem de forma diferente quando detêm um direito de propriedade e se sentem seguros, sabendo que isso não lhes poderá ser arbitrariamente retirado. Consideremos o caso da China, que passou de um sistema comunista, no qual as famílias não possuíam terras e toda a produção pertencia ao Estado, para um sistema em que os lavradores podem obter arrendamentos por 30 anos e vender parte da produção no mercado "livre". O efeito dessas reformas foi um aumento significativo da produção, cerca de metade do qual foi atribuída às mudanças nos direitos de posse da terra.

Qualquer pessoa que visite uma cidade grande de um país pobre notará as favelas ou bairros miseráveis em seus arredores. Os habitantes desses locais são muito pobres e provavelmente saíram de áreas rurais para as cidades em busca de trabalho. Eles começam a viver nas mais primitivas condições, em áreas abertas, onde não se sabe ao certo se alguém detém ou não o direito de posse.

É comum as empresas fornecedoras de energia e água não se disporem a prestar esses serviços fundamentais a quem não detém a posse do imóvel. Além disso, tais pessoas ficam à mercê de funcionários comunitários de baixo nível, que exigem subornos para que os pobres possam permanecer onde estão. Quando o governo ou a comunidade decidem conceder o direito de posse sobre o minúsculo lote de terra à família que reside nele, a situação dessas pessoas melhora significativamente. E, quando são proprietárias, é proveitoso para elas fazerem melhorias em suas residências rudimentares.

Essa mudança pode ter mais peso do que a concessão do microcrédito, pois o valor desses terrenos minúsculos ultrapassa em muito o de um empréstimo concedido por um programa de microcrédito, além de oferecer muitos outros benefícios.[2] Todavia, a implementação dessa mudança exige coragem do governo, visto que muitas pessoas dentro e fora dele se aproveitam da falta de segurança básica dos pobres.

O problema dos direitos de posse não se limita aos direitos individuais, mas também diz respeito aos direitos de propriedade ou intelectual das empresas. Muitas companhias não confiam que os tribunais confirmem seus direitos de propriedade; com efeito, um estudo feito pelo Banco Mundial em 2005 concluiu que empresários da Indonésia, Tanzânia, Índia, Paquistão, Brasil, Polônia, Rússia e Peru tinham uma grande desconfiança de que as interpretações da lei fossem justas, numa percentagem que, na maioria dos casos, superava 50%.[3] O Banco Mundial constatou que essa desconfiança se relacionava com o tempo necessário para fazer cumprir um contrato. No Paquistão e no Brasil, o processo para assegurar a aplicação efetiva dos direitos de propriedade podia levar anos e consumir recursos financeiros consideráveis.[4]

Visitei uma repartição de governo que lidava com direitos de posse e propriedade em Jaipur, na Índia. Havia pilhas de processos de 3 metros de altura, sem nenhum espaço entre elas. Num sistema desses, é impossível descobrir quais são os direitos sobre determinada propriedade. As únicas pessoas capazes de descobri-lo são as que podem pagar para que um funcionário comece a cavar. Felizmente, o governo indiano solucionou esse problema. Os documentos estão sendo digitalizados e qualquer pessoa pode pedir para vê-los mediante o pagamento de uma taxa-padrão muito baixa.

ISSO ME FAZ LEMBRAR UMA HISTÓRIA SUPOSTAMENTE VERDADEIRA SOBRE a prática do direito numa comunidade isolada do Himalaia. Quando um processo era levado ao tribunal para ser decidido, a corte adotava um procedimento muito simples: o julgamento era sempre favorável a quem pagasse o suborno mais alto. Esses subornos eram usados para organizar festas das quais todos os cidadãos participavam, porém os juízes e outros membros da elite ocupavam os melhores lugares à mesa, recebiam a comida e a bebida mais finas e ganhavam os presentes mais suntuosos.

Conceder a posse de terras, imóveis e ideias tem um impacto muito positivo na redução da pobreza, na ampliação dos investimentos e na geração de empregos – mas, ainda assim, o progresso é lento. Os governos têm que ser muito decididos para executar esses programas de reconhecimento da propriedade e supervisionar o sistema judicial, a fim de que este a assegure.

DISPOR DE UM SISTEMA BANCÁRIO JUSTO E FUNCIONAL

Alguns países têm apenas bancos estatais, que raramente são eficientes ou justos.

Em 1991, quando estive pela primeira vez em Dharamsala, onde o Dalai-Lama tem sua residência, havia apenas uma filial do banco estatal da Índia. Ela só funcionava durante quatro horas por dia, cinco dias na semana, e, se ainda houvesse uma fila do lado de fora às

16 horas, esperando para ser atendida, os funcionários simplesmente fechavam as portas. Mesmo na condição de estrangeira, a pessoa era tratada como um estorvo. Mas isso mudou completamente. Agora existem diversos bancos privados e é possível fazer o câmbio de moedas 18 horas por dia, sete dias por semana — o que é melhor do que em muitos países prósperos.

Os grandes bancos ainda não estão preparados para lidar com pequenos empréstimos, mas, para os empresários que necessitam apenas de somas modestas, o microcrédito revelou-se uma excelente solução. O conceito de microempréstimos ou microcrédito é bastante novo e foi formulado com uma definição relativamente restrita: concessão de pequenos empréstimos a empreendedores pobres demais para se qualificarem para os empréstimos bancários tradicionais.[5]

Há muitas diferenças entre o microcrédito e as práticas regulares de concessão de empréstimos, mas algumas das mais acentuadas são:

- Ele reconhece e promove o crédito como um direito humano.
- Não se baseia em garantias nem contratos, mas na confiança entre as partes envolvidas.
- Faz-se um esforço para manter as taxas de juros num nível baixo, em vez de se perseguir o objetivo de um retorno elevado para prestamistas e investidores (o modelo típico de crédito).[6]

Em suma, o microcrédito baseia-se na ideia de que os pobres têm habilidades subaproveitadas. Não é por falta de aptidões que as pessoas acabam sendo pobres, mas por falta de oportunidades e de acessibilidade. Ele também se fundamenta na premissa de que os pobres são confiáveis e diligentes na quitação de suas dívidas, talvez mais até do que outras pessoas, muitas vezes por um sentimento de gratidão e obrigação. Combater o estereótipo da falta de credibilidade é um dos passos mais importantes na luta contra a pobreza.

Nas últimas três décadas, Muhammad Yunus e o Grameen Bank de Bangladesh desenvolveram o uso do microcrédito como um instrumento crucial para melhorar a situação precária dos pobres do mundo inteiro. O conceito fez tanto sucesso que o professor Yunus e o banco receberam conjuntamente o Prêmio Nobel da Paz em 2006, num reconhecimento de que "não se pode conquistar uma paz duradoura sem que grandes grupos populacionais encontrem formas de sair da pobreza. O microcrédito é uma dessas formas".

Entretanto, algumas pessoas cometem o erro de supor que o microcrédito pode resolver sozinho o problema da pobreza. Ele faz uma contribuição importante e essencial, mas, para que o empreendedorismo funcione de modo eficiente e justo, é preciso um sistema bancário comum.

Outra organização que adotou o conceito do microcrédito, mas o expandiu, é o BRAC,* criado por Fazle Hasan Abed em 1972 para ajudar Bangladesh a superar a devastação causada pela guerra com o Paquistão Ocidental (atual Paquistão) e a Índia. Os objetivos do BRAC são "aliviar a pobreza e capacitar os pobres". Embora a organização acredite que o microcrédito é um instrumento importante para romper o ciclo da pobreza, ela também treina seus membros na geração de renda e ajuda a vinculá-los a mercados para seus produtos. Sua

* Sigla que passou a ser adotada em lugar da antiga denominação, Bangladesh Rural Advancement Committee (Comitê para o Avanço Rural de Bangladesh). (N. da T.)

abordagem holística começa pelas mulheres, como cuidadoras primárias, e combina o microcrédito com a saúde, a educação e outros programas de desenvolvimento social.

O programa de desenvolvimento econômico do BRAC atende quase 5 milhões de pobres, na maioria mulheres, e tem operações no Afeganistão, no Sri Lanka e em cerca de uma dúzia de países na África e no Oriente Médio. Além do oferecimento de contas correntes e de poupança, há aulas sobre direitos humanos e seminários de direito, serviços de assistência judicial e visitas domiciliares feitas por voluntários da área de saúde. O programa Health, Nutrition and Population (saúde, nutrição e população) oferece serviços básicos de saúde a mais de 97 milhões de pessoas, incluindo o controle de doenças infecciosas como a tuberculose, infecções respiratórias agudas e diarreia, bem como orientação sobre medidas preventivas. A meta da redução da pobreza por meio da educação é buscada através do programa Primary Schools (programa de ensino primário não formal), que tem quase 50 mil escolas, com uma proporção elevada dos que são tradicionalmente excluídos da escolarização formal, em especial as meninas. O programa Adolescent Development (desenvolvimento do adolescente) oferece cursos profissionalizantes, de noções de saúde — que incluem saúde reprodutiva — e de liderança.[7]

REDUZIR A TAXA DE CRESCIMENTO POPULACIONAL

Em 2002, reuni-me com outros 136 líderes espirituais de 31 países – católicos, protestantes, muçulmanos e hindus – para enviar uma carta a George W. Bush, que na época era o presidente dos Estados Unidos, incentivando-o a continuar a conceder verbas para o planejamento familiar voluntário organizado pelo Fundo de População das Nações Unidas (UNFPA). Nessa carta, escrevi: "O planejamento familiar é crucial, sobretudo no mundo em desenvolvimento." Outro ganhador do Prêmio Nobel da Paz, o arcebispo sul-africano Desmond Tutu, escreveu: "Ter filhos de forma planejada é uma obrigação dos cristãos. Nossa Igreja acredita que devemos usar métodos científicos que auxiliem o planejamento familiar."[8]

Essa não é apenas uma questão econômica. É uma questão de liberdade e do direito de as mulheres decidirem quantos filhos querem ter, e quando. Nenhum homem tem o direito de forçar uma mulher a ter um filho indesejado.

No budismo, consideramos que toda vida é preciosa. Entretanto, a explosão demográfica acaba sendo um problema gravíssimo. Por isso, o planejamento familiar é tão importante, especialmente para os países em desenvolvimento.[9]

> Quando lemos nos jornais sobre as devastações causadas por doenças, desastres naturais, guerras internas, HIV/AIDS e falta de alimentos nos países pobres, seria de esperar que a população desses locais estivesse estagnada, ou até em declínio. No entanto, o que acontece é o inverso: quanto mais pobre é o país, mais rápido é o crescimento da população.
>
> Tentarei ilustrar esta afirmação com alguns exemplos.[10] Os Estados Unidos têm a taxa mais elevada de crescimento populacional entre os países prósperos. Em 2006, sua população era de 300 milhões de habitantes. Isso equivale à soma dos habitantes do Paquistão, do Congo e da Etiópia. Presumindo-se que o índice de natalidade (o número médio de filhos por mulher) se mantenha inalterado em todos esses países, em 2050 a população americana terá aumentado para 420 milhões. Os outros três países somarão um aumento para 690 milhões, isto é, 270 milhões a mais do que os Estados Unidos.

E quanto a outras estatísticas relativas aos mesmos três países em desenvolvimento? A mortalidade infantil — isto é, o número de crianças que morrem com menos de 1 ano a cada 1.000 nascidos vivos — é de 80, ou seja, 8 em cada 100 crianças morrem durante o primeiro ano de vida. A expectativa de vida é de 46 anos. E 80% da população desses países vive com menos de 2 dólares por dia.

Todas essas nações têm infraestruturas deficientes — rodovias precárias, fornecimento de energia intermitente, falta de água potável e saneamento básico, escolas, hospitais e médicos insuficientes. Todos precisam fazer investimentos enormes nessas áreas e também na formação e remuneração de professores e médicos qualificados, a fim de proporcionar a suas populações um padrão de vida digno, reduzir as taxas de mortalidade infantil e aumentar substancialmente a expectativa de vida. À medida que aumenta a população, cresce também o volume dos investimentos necessários. Até os países ricos, com baixos índices de crescimento populacional, têm dificuldade de financiar suas demandas de infraestrutura e assistência médica.

Examinemos outro exemplo. Em 2006, havia 60 milhões de habitantes no Reino Unido e 75 milhões na Etiópia. Em 2050, o Reino Unido terá 70 milhões de habitantes e a Etiópia, 145 milhões, ou seja, mais do que a Inglaterra e a França juntas. Pense no que aconteceria se a população do Reino Unido se duplicasse até 2050.

A China tem sido muito bem-sucedida em reduzir sua taxa de natalidade por mulher, baixando-a para 1,6 em 2006. Para isso, entretanto, empregou medidas que alguns consideram extremas, limitando os casais a terem um filho. Uma segunda gestação pode resultar em multa, "incentivo" ao aborto ou até esterilização forçada. Em contraste, um estado paupérrimo da Índia reduziu sua taxa de natalidade com a mesma rapidez que a China, usando a educação em vez da coerção. Kerala é um estado grande, com aproximadamente 35 milhões de habitantes. Reduziu sua taxa de natalidade de 4,4, na década de 1950, para 1,8 em 1991. De que modo conseguiu isso? Foram adotadas quatro medidas: incentivo a um bom atendimento básico de saúde, facilitação da possibilidade de trabalho para muitas mulheres, incentivo a que os homens respeitassem as mulheres e debates públicos abertos e informativos. As variáveis importantes são a educação, a oportunidade de emprego e a não discriminação contra a mulher. A conclusão é que as taxas de natalidade podem ser reduzidas sem coerção, mas isso exige mudanças fundamentais nas atitudes e nos valores. A Visão Correta é que cada casal deve almejar ter não mais de dois filhos, para que a população mundial se mantenha num nível sustentável.

O Dalai-Lama preocupa-se muito com a pobreza e com o risco de que o mundo esgote seus recursos naturais. Considera a vida sagrada, mas está convencido de que, na situação em que o mundo se encontra atualmente, em particular nos países pobres, é absolutamente necessário reduzir a taxa de natalidade.

Felizmente, os governos de quase todos os países muito pobres consideram suas taxas de natalidade altas demais. Todavia, encontram dificuldades para fazer alguma coisa a esse respeito. O Dalai-Lama considera importantíssimo que a redução seja obtida unicamente por meios pacíficos, isto é, convencendo homens e mulheres a reduzirem o tamanho da família. Muitos países poderão se beneficiar do exemplo de Kerala. Reduzir a taxa de natalidade não exige um grande investimento — é uma questão de educação e mudança de atitude.

EMPRESAS GLOBAIS E EMPREENDEDORISMO

SOLUCIONAR OS PROBLEMAS DA POBREZA REQUER UMA COMBINAÇÃO entre a ação dos governos centrais e locais, as contribuições de países prósperos e a ajuda de empresas globais responsáveis. A Coreia do Sul demonstrou que um país pode ter sucesso na eliminação da pobreza no prazo de uma geração se o governo for competente e se encarregar do processo de transformação. Somente um governo nacional é capaz de criar um meio em que o empreendedorismo possa florescer, retirando os pobres de suas condições inaceitáveis.

As empresas globais que têm a motivação correta podem descobrir modos de agir que sejam benéficos para elas, para os países em que operam e também para os pobres. Sou favorável a que os ricos e as empresas contribuam para instituições de caridade. Para mim, entretanto, está claro que é possível produzir mudanças muito mais depressa quando a empresa encontra meios de gerar empregos e estimular o espírito empreendedor entre os pobres, ajudando-os a expandir seus próprios negócios e a gerar lucros. Os problemas da pobreza são tão graves que é impossível resolvê-los em poucos anos. Por isso, é importantíssimo começar tantas novas iniciativas quantas sejam possíveis para habilitar os pobres a levarem uma vida digna.

O PROJETO SHAKTI, NA ÍNDIA

A Unilever, fornecedora global de produtos alimentícios, de higiene e de beleza, atende diariamente a clientes do mundo inteiro. Além desse objetivo empresarial, a companhia considera importantes outras duas metas: a geração de riqueza para ela e para a sociedade em seus mercados e a minimização do impacto ambiental de suas operações.[11] A Unilever admitiu que estimular o empreendedorismo entre os pobres era essencial para gerar riqueza e reduzir a miséria. Em particular, reconheceu os benefícios que haveria, para ela e para a sociedade, na formação de novos empresários e na criação de oportunidades de trabalho na Índia, na Indonésia e em outros países.

Para expandir seus mercados, o desafio dos negócios da Unilever na Índia era como atingir milhões de consumidores potenciais em vilarejos pequenos e remotos, onde não havia redes de distribuição no varejo nem cobertura publicitária e onde as estradas e o transporte eram precários. A solução foi o Projeto Shakti (palavra que significa "força" em hindu), lançado no ano 2000, em conjunto com organizações não governamentais, bancos de microempréstimos e governos locais. Em muitos vilarejos, as mulheres criaram grupos de autoajuda. A Unilever apresentou seu Projeto Shakti a esses grupos a fim de encontrar mulheres que quisessem se tornar empresárias.

A maneira mais fácil de entender como funciona o Shakti é examinar um exemplo. Rojamma, que vinha de uma família muito pobre, casara-se aos 17 anos com um homem com quem tivera duas filhas, mas que depois a abandonou, deixando-a se virar sozinha. Ela ganhava umas rupias trabalhando no campo cultivado pela mãe, mas com isso era quase impossível sobreviver. A Unilever fez uma apresentação ao grupo de autoajuda de que ela participava e ofereceu às integrantes a oportunidade de vender e entregar os produtos da companhia em seu vilarejo. Rojamma aceitou o emprego.

A Unilever ofereceu-lhe um treinamento em técnicas de venda e contabilidade, para que Rojamma pudesse tornar-se uma microempresária madura. Ajudou-a a obter um empréstimo de 10 mil rupias (cerca de 200 dólares) em condições favoráveis, para investir num estoque de produtos e iniciar seu negócio. Sua meta é chegar a cerca de 500 clientes. Ela vende mensalmente um estoque no valor aproximado de 10 mil rupias e tira um lucro de cerca de 800 (16 dólares; a remuneração média na agricultura para as mulheres da Índia é de 900 a 1.200 rupias por mês, mas esse é um emprego sazonal). Rojamma disse: "Quando meu marido me deixou, fiquei sem nada, exceto minhas filhas. Hoje, todo mundo me conhece. Sou alguém. E isso também me permitiu mandar minhas filhas para a escola, uma chance que eu não tive."

Em 2006, o programa estava funcionando de maneira eficaz em 50 mil vilarejos e envolvia mais de 30 mil mulheres. A meta da Unilever é criar 100 mil microempresárias do Projeto Shakti até 2010, atingindo 600 milhões de pessoas em 500 mil vilarejos.[12]

INOVAR PARA O BEM COMUM

Uma das mais proeminentes entre as organizações não governamentais, a Oxfam, fez pesquisas com a Unilever sobre o impacto da companhia na Indonésia. Tratou-se de um estudo importante, uma das avaliações mais extensas já realizadas em conjunto por uma empresa e uma ONG.

A Indonésia é um país que tem conseguido progressos substanciais. É muito populosa, com 225 milhões de habitantes, que deverão chegar a 285 milhões em 2050 — quase a população dos Estados Unidos em 2006 —, e com uma taxa de natalidade de 2,4. Cerca de 50% da população vive com menos de 2 dólares por dia, o que é semelhante aos dados da China, porém muito melhor que os da Índia.

A Oxfam e a Unilever decidiram realizar um projeto conjunto para avaliar o impacto das atividades desta última na Indonésia e verificar se elas auxiliavam ou prejudicavam a luta contra a pobreza.[13] A Oxfam abordou esse trabalho com uma atitude positiva, mas cética, em relação às atividades das empresas globais. As duas organizações envolvidas se reconheciam como sérias e houve um respeito recíproco.

O estudo levou mais de um ano e examinou o impacto de toda a cadeia de valor, desde as relações com produtores em pequena escala até as interações com consumidores de baixa renda, bem como as políticas e práticas de emprego e o impacto mais amplo na comunidade.[14] No final, as duas organizações chegaram a uma compreensão muito melhor das limitações e oportunidades que determinam o que se pode ou não esperar que as empresas façam a fim de contribuir para a redução da pobreza.

O estudo constatou: "Do valor total criado, cerca de dois terços são distribuídos para outros participantes que não a Unilever Indonésia, tais como produtores, fornecedores, distribuidores, varejistas e o governo indonésio." Entretanto, concluiu:

A participação em cadeias de valor como a da Unilever Indonésia não garante automaticamente uma melhoria na vida das pessoas que vivem na pobreza. Para que as cadeias de fornecimento e distribuição beneficiem ainda mais os pobres, é preciso que se instalem outras instituições sociais, além de recursos como programas de crédito e poupança, associações comerciais e planos de seguros.

A Oxfam declarou:

Muitas empresas ainda consideram que seu objetivo é a maximização do lucro, mas aprendemos com a Unilever que, em muitos casos, as decisões empresariais raramente correspondem a um cálculo estritamente baseado no lucro. A ideia de que o objetivo dos negócios são os negócios está ultrapassada. Há enormes oportunidades de inovar para o bem comum.

> Esse é um exemplo de como encarar a realidade, tanto para a Oxfam quanto para a Unilever, que partiram de perspectivas diferentes. Elas queriam descobrir a verdade e superaram o medo, de ambos os lados, de que isso surtisse um efeito negativo em suas respectivas reputações.

As interdependências nas relações da Unilever na Índia e na Indonésia são bastante óbvias. Isso representa um exemplo típico da Visão Correta. É tendencioso observar apenas o lucro obtido pela Unilever; os outros participantes também estão lucrando. Pode-se dizer que os lucros tornam o sistema sustentável. Tão logo um elo da cadeia sofre um prejuízo, a vitalidade de todo o sistema fica em perigo.

Também me interesso pela disposição de compartilhar conhecimentos. Compartilhar significa que a pessoa pode decidir se dá ou não esse conhecimento a terceiros. A Unilever tem oferecido um grande volume de conhecimentos sobre como o indivíduo pode se tornar um empresário, fazer produtos de alta qualidade e desenvolver métodos de produção mais eficientes. Essa transferência de conhecimentos é benéfica tanto para aqueles que os recebem quanto para a Unilever. Quando se trata de lucros, entretanto, creio que a questão não é se a Unilever compartilha sua receita. Todos os participantes do sistema obtêm lucros em suas organizações e compartilham com a Unilever o valor adicional que criaram juntos.

REGULAMENTAÇÃO E LIBERDADE

A liberdade ligada à regulamentação é um conceito interessante. Aquilo que é liberdade para uma pessoa pode ser uma limitação para outra. Por exemplo, as normas bastante rigorosas a serem cumpridas pelas empresas farmacêuticas a fim de obterem autorização para vender um novo medicamento impõem muitas limitações às companhias. Passam-se cinco a 10 anos entre a descoberta de um novo medicamento e a data em que o produto pode ser vendido ao público em geral. Durante esse período, a droga tem que ser testada num número cada vez maior de pessoas. Do ponto de vista do consumidor, isso é ótimo, porque quem tem de tomar aquele remédio fica livre da preocupação com o perigo que ele possa acarretar. Creio que as normas sempre impõem a alguns agentes limitações que representam liberdade para outros. Provavelmente é por isso que é tão difícil desenvolver normas e regulamentos que agradem a todos.

Nós, budistas, raramente pensamos em limitações da liberdade. Acreditamos que, quando têm a motivação correta, as pessoas não abusam de sua liberdade. Quando falamos em liberdade, pensamos primordialmente em nos livrarmos de maus hábitos, maus pensamentos e más motivações. As pessoas só são livres quando não são afetadas por pensamentos e sentimentos negativos. Reconheço que os países precisam de leis para impor limites à liberdade. No entanto, creio que não se deve esquecer que muitas dessas leis estabelecem limites que não seriam desrespeitados por pessoas que agissem com responsabilidade. Agir com responsabilidade é mais do que não descumprir a lei. Alegrou-me notar que, em seus princípios empresariais, diversas companhias afirmam a intenção de respeitar não apenas a letra da lei, mas também seu espírito.

A maioria das pessoas quer o máximo de liberdade. É evidente que a liberdade sem responsabilidade não é aceitável e chega a ser perigosa. A liberdade total significaria que o mais forte decidiria, tendo ou não a Visão Correta. Alguns líderes políticos e até alguns intelectuais argumentaram que é um erro fundamental proteger os fracos, pois isso levará a uma degeneração da espécie humana. Algumas dessas ideias foram populares no regime de Hitler, que acreditava que a nação mais poderosa deveria governar e decidir o que era certo e errado.

A visão budista é que todos têm os mesmos direitos à justiça e a um padrão de vida digno, independentemente de sua capacidade e de sua força física e intelectual, e que os atos devem basear-se na Visão e na Conduta Corretas. Essa visão também reconhece que deve haver uma implementação de leis. É claro que são necessários muito menos normas e regulamentos quando as pessoas agem de acordo com a Visão e a Conduta Corretas. Mas os budistas admitem que, na realidade, existe um grande número de pessoas que não age dessa forma, o que torna necessária a existência de leis mais restritivas. A autorregulamentação é sempre superior, mas não é suficiente.

Em última análise, muitos dos problemas do mundo têm origem na desigualdade e na injustiça, sejam elas econômicas, políticas ou sociais. No fundo, essa é uma questão do bem-estar de todos nós. Quer se trate do sofrimento decorrente da pobreza, numa parte do mundo, quer da negação da liberdade e dos direitos humanos fundamentais, em outra, nunca devemos perceber esses acontecimentos em isolamento completo. Suas repercussões acabam por se fazer sentir em toda parte.

O mundo está ficando menor e todas as coisas são interdependentes. Os interesses de terceiros, na verdade, são também os nossos interesses. Se os outros forem felizes, seremos felizes. Se sofrerem, acabaremos sofrendo.[15]

É importante que as organizações – sejam comerciais, sem fins lucrativos ou até do governo – assumam um papel de liderança para lidar com os imensos desequilíbrios econômicos. Creio que é chegado o momento de abordarmos todos esses problemas globais do ponto de vista da unicidade da humanidade, bem como de uma profunda compreensão da natureza intimamente interligada do mundo atual.[16]

CAPÍTULO NOVE

A ECONOMIA DE LIVRE MERCADO RESPONSÁVEL

A crise financeira que começou em 2008 fez muitas pessoas se perguntarem se há algo errado com o sistema capitalista ou com a economia de livre mercado. Definitivamente existe, sim, alguma coisa errada com o sistema e a forma como ele funciona. A principal causa desse problema tão grave está na visão errada. Mais de 10 mil pessoas já perderam seus empregos, tanto em países desenvolvidos como em desenvolvimento, o que gerou sofrimento e desespero.

Muitas instituições financeiras são movidas pela ganância. Seu único objetivo é fazer o máximo de dinheiro no mínimo de tempo possível. Em muitas organizações, essa visão errada é incentivada por meio do pagamento de bônus aos funcionários com base nos lucros que eles produzem. Dessa forma, as pessoas têm pouco interesse nas consequências que suas ações terão sobre os outros a longo prazo.

A gravidade da crise e a rapidez com que ela aumenta são devidas ao crescimento da interligação global econômica e financeira. Quando alguma coisa dá errado num país, isso se espalha como fogo pelos outros por causa das modernas tecnologias de comunicação e transporte. Ninguém sabe como combater o incêndio rapidamente, o que talvez seja o mais grave. Muitos economistas acreditavam que os princípios de livre mercado poderiam dar conta do problema, mas, infelizmente, não puderam. Isso reforça minha convicção de que um sistema econômico sem padrões morais é perigoso.

Estou plenamente ciente de que bancos, companhias de seguro e outras instituições financeiras desempenham um papel útil e indispensável na sociedade. O problema é que essas organizações devem agir de forma responsável, considerando as consequências de longo prazo e o amplo alcance de suas ações.

Como podemos mudar a cultura gananciosa das instituições financeiras? Ela deve ser substituída por uma cultura de confiança, baseada na Visão e na Conduta Corretas. A confiança entre instituições financeiras, governo e o público em geral foi quebrada, assim como a confiança dentro dessas instituições, entre os funcionários e os dirigentes. A confiança provavelmente é o ativo imaterial mais valioso que uma organização possui. É responsabilidade do conselho diretor determinar o nível de Visão Correta e confiança em sua organização. Isso só pode ser feito por meio de pesquisas confiáveis a respeito do ponto de vista dos consumidores, líderes e outros funcionários. Os resultados devem constar da pauta das reuniões da diretoria e não deveria haver nenhuma tolerância com líderes que tentassem manipular os resultados. Qualquer bônus por desempenho deveria dar igual importância à contribuição de um funcionário para a lucratividade da empresa, ao quanto ele é confiável e à satisfação do cliente.

O gerenciamento de riscos também é fundamental. As instituições financeiras deveriam suspender qualquer produto que os membros da diretoria não fossem capazes de compreender. De outro modo, eles não poderão avaliar o desempenho de tal produto. Serviços financeiros inovadores deveriam ser submetidos a testes e avaliações da diretoria antes de serem lançados no mercado.

> Muitas pessoas acreditam que novas regulamentações e melhor supervisão irão prevenir uma crise ainda maior no futuro. Regras mais eficientes e maior controle realmente são necessários, mas não suficientes. A concorrência justa requer uma regulamentação eficaz. O mesmo vale para a concorrência entre países. As nações também devem agir de acordo com a Visão Correta e estabelecer normas e políticas que levem em consideração as consequências para outras nações.

Está claro que, sem que se mude essa ênfase na ganância, nossos problemas não poderão ser resolvidos. Para que se encontre uma solução é preciso aplicar a Visão Correta.

Os governos também têm que aceitar o que chamo de "responsabilidade universal". Não podem apenas resolver os problemas que seus países enfrentarão a longo prazo, se trabalham com outras nações. Eles devem enfrentar a realidade de que muitas instituições financeiras não seguirão a Visão Correta e continuarão a se concentrar no objetivo de lucros a curto prazo, bem como a explorar quaisquer aberturas, nacional ou internacionalmente. A responsabilidade universal significa que os governos têm que olhar para as regulamentações e políticas não só do ponto de vista nacional, mas também por uma perspectiva mundial. É por isso que defendo o estabelecimento de uma "economia de livre mercado responsável".

COMUNISMO E LIVRE MERCADO

Durante grande parte de minha vida, senti-me atraído pelo sistema socialista ou comunista, pois entendia que seu objetivo era proporcionar justiça e um padrão de vida digno para todos. O que me atraiu nele foi seu igualitarismo: as diferenças extremas de padrão de vida entre as pessoas não deveriam ser toleradas. Esse objetivo incluía a abolição da pobreza e a promoção da fraternidade entre as pessoas, dentro dos países e entre eles. Com o tempo, constatei que os países que praticavam o sistema comunista não atingiam esse objetivo; nem sequer tentavam alcançá-lo. Ao contrário, o desenvolvimento estagnou e a liberdade de expressão foi eliminada. Embora eu ainda acredite que o objetivo inicial era correto, passei a perceber as falhas desse sistema.

Minha compreensão do regime comunista aprofundou-se com os encontros que tive com o presidente comunista da China, Mao Tsé-tung. Pessoalmente, Mao me impressionou de várias maneiras. Quando me explicou o sistema comunista, não percebi de imediato que se tratava de um regime de comando e controle baseado no planejamento central da atividade econômica. Mao o explicou como um sistema em que os capitalistas não mais explorariam os trabalhadores, o que eu apoiava totalmente. Não ficou óbvio para mim que a abolição da propriedade privada levaria à propriedade pelo Estado, com uma elite partidária no poder, a qual instituiria seu próprio sistema restritivo de ordens e controle e governaria como uma elite, como as aristocracias do passado. Hoje sabemos que isso levou a muitas violações dos direitos humanos.

Mao me convidou a assistir a uma reunião com seu gabinete. O que ficou especialmente gravado em minha memória foi que ele solicitou aos membros do gabinete sugestões sobre como seria possível melhorar o desempenho do governo. Ninguém disse nada. Em seguida, Mao pegou uma carta que havia recebido, a qual descrevia muitos problemas graves que vinham sendo enfrentados pelo povo, o que me deu a impressão de que ele estava sinceramente interessado no bem-estar dos chineses. Ele me pareceu uma grande personalidade e, durante algum tempo, o admirei. O que finalmente me fez mudar de ideia foi ele me dizer que a religião era um veneno. Mao sabia que eu era budista, e seus comentários deixaram claro que a amizade que ele me havia demonstrado não era sincera.

Foi por esse processo de ouvir e observar que vim a depositar minha confiança no sistema de livre mercado. Embora ele também tenha um grande potencial para o surgimento de abusos, o fato de permitir a liberdade e a diversidade de pensamento e religião me convenceu de que era o sistema com que deveríamos trabalhar. É claro que ainda acredito que devemos lutar por um padrão de vida adequado para todos, e não na postura de "sobrevivência do mais apto" comumente adotada pelo livre mercado. Nesse aspecto, há algo a se aproveitar do sistema socialista.

Quase todos os governos modernos optaram por variantes do sistema de livre mercado; as economias controladas exclusivamente pelo Estado foram praticamente descartadas. No entanto, a questão não é tão direta quanto a simples escolha de um sistema, como no caso da China.

Nas últimas décadas, a China colocou seus objetivos econômicos acima dos políticos. Seus líderes abandonaram as políticas comunistas de planejamento e controle centrais e reduziram a propriedade estatal dos meios de produção. O país identificou quatro áreas a serem modernizadas: a agricultura, a indústria, as forças armadas e a ciência e tecnologia.[1]

Na agricultura, as comunidades rurais foram descontinuadas e os camponeses foram autorizados a arrendar terras e a vender sua colheita nos mercados. Criaram-se algumas zonas econômicas especiais, como Shenzhen e Xiamen, nas quais o investimento estrangeiro foi incentivado e se estabeleceram novas fábricas. As forças armadas foram modernizadas mediante a redução do contingente de soldados e o aperfeiçoamento da tecnologia militar com sistemas avançados de armamentos. Para impulsionar a ciência e tecnologia, milhares de estudantes foram enviados ao exterior, particularmente aos Estados Unidos, a fim de estudar ciências e engenharia.

Embora a China tenha continuado a implementar políticas de livre mercado com grande sucesso econômico, ela passou a ficar sob um escrutínio crescente nos últimos anos. As questões dos direitos humanos continuam sendo um problema. As políticas regulatórias e monetária do país ainda não estão no mesmo nível das de outras economias de mercado. Em outras palavras, a China exibe uma mescla de governo baseado no Partido Comunista e na economia de livre mercado. Embora o padrão de vida geral tenha se elevado, ainda existe uma pobreza generalizada nas áreas rurais e algumas liberdades fundamentais continuam cerceadas.

ALGUMAS LIÇÕES DE ADAM SMITH

Em 1776, Adam Smith publicou *A riqueza das nações*. Escrita para os governos, a fim de "instruí-los" sobre as políticas que eles deveriam implementar, a obra defendia que a sociedade tinha a obrigação moral de se certificar de que todos, em especial os trabalhadores, tivessem um padrão de vida digno. A conclusão de Smith foi que isso só poderia ser alcançado através de um sistema de livre mercado; com o termo "livre", ele pretendeu dizer que as pessoas deveriam ter a liberdade de comprar e vender bens e serviços num sistema estabelecido pelo governo.[2] Essa conclusão baseou-se em duas percepções: primeiro, que a concorrência levaria à criação mais eficaz da riqueza; e, segundo, que a concorrência eficaz dependia da regulamentação governamental. Essas percepções são válidas até hoje.

Na época de Smith, contudo, o governo não se certificava de que houvesse uma concorrência eficaz. Os governos protegiam as indústrias da competição, impondo às importações tarifas e outras barreiras, como as cotas de importação. Tais restrições persistem ainda hoje. Adam Smith havia observado que as empresas tentariam impedir a competição, convencendo os governos de que era do interesse nacional protegê-las da concorrência. Isso teria dois efeitos negativos: o poder aquisitivo, sobretudo o dos assalariados de baixa renda, seria reduzido e as empresas não se interessariam por inovações se pudessem obter lucros satisfatórios sem o esforço adicional de aprimorarem seu desempenho ou de inovarem.

Smith também observou que as empresas de um dado setor comumente formavam associações que agiam como grupos de pressão sobre o governo para buscar vantagens que teriam de ser pagas pelo público em geral. Do mesmo modo, muitas vezes entravam em conluio para aumentar os preços ao mesmo tempo ou para reduzir a produção aquém da demanda, a fim de poderem inflacionar os produtos. Era tarefa do governo resistir a essas pressões empresariais e impedir a trama que aumentava artificialmente os preços. Essa pressão sobre o governo para distorcer a concorrência não se restringia às empresas e era também exercida por organizações de profissionais liberais e por artesãos integrantes de guildas. Smith não se opunha a tais associações em si, mas alertou os governos para o fato de que elas não estavam interessadas no bem-estar do povo, e sim no delas mesmas. Ele disse: "Sempre que as pessoas ou empresas puderem promover seus interesses egoístas à custa do público, elas o farão."

Smith reconheceu esse interesse egoísta como sendo a "mão invisível":

Ao preferir o apoio à indústria doméstica ao apoio à indústria estrangeira, [todo indivíduo] almeja apenas sua própria segurança; e, ao direcionar a indústria de tal maneira que sua produção seja a de maior valor, ele visa ape-

nas a seu próprio ganho, e neste, como em muitos outros casos, é levado por uma mão invisível a promover um fim que não fazia parte da sua intenção. (...) Não é da benevolência do açougueiro, do cervejeiro ou do padeiro que esperamos nosso jantar, mas da consideração que eles têm por seu próprio interesse.[3]

O Dalai-Lama reconhece o perigo por trás desse egoísmo.

ADAM SMITH REFERIU-SE AO DESENVOLVIMENTO DO SENTIMENTO moral como o ato de imaginar-se na situação de terceiros. É a isso que nos referimos com "trocar o eu pelos outros". Infelizmente, ele não enfatizou o bastante a necessidade de as pessoas se exercitarem em preterir o eu em favor do outro. Mesmo tendo um agudo interesse pelas questões morais e uma profunda percepção delas, Smith acreditava que a concorrência e sua regulamentação poderiam levar a prosperidade para todos. O que fica faltando é insistir em que a Conduta Correta também é necessária. Apenas pela mera legislação e pela concorrência, não é possível chegarmos a um padrão de vida digno para todos.

Adam Smith e outros economistas preocuparam-se com a *geração* da riqueza, mas não deram qualquer orientação a respeito de sua *distribuição*. Karl Marx, ao contrário, examinou o assunto pelo ângulo inverso. Interessou-se somente pela distribuição da riqueza, não pelos meios de gerá-la. A meu ver, as duas coisas são muito importantes. Para atingir essas metas, necessitamos de políticas certas e da aplicação da Visão e da Conduta Corretas.

Em muitos aspectos, Adam Smith esteve à frente de seu tempo. Para ele, o governo tinha muitas tarefas, entre elas o desenvolvimento da infraestrutura física, a criação de direitos de propriedade e um sistema judicial eficaz. Ele julgou importantíssimos os direitos de propriedade, pois estes tornam atraentes para as pessoas o investimento, a poupança e a melhoria do padrão de vida.

Outra preocupação de Smith, assim como do Dalai-Lama, era a ideia de que as pessoas começassem a acreditar que a riqueza crescente as tornaria felizes. Ele escreveu que, mesmo existindo a possibilidade desse equívoco, ao menos a busca da riqueza ajudaria a resolver o problema da pobreza. Esse otimismo foi transportado para outras questões. Smith acreditava que era próprio da natureza humana alegrar-se quando os outros ficavam felizes, ainda que não se extraísse disso nenhum benefício. Ele também escreveu que as pessoas dotadas de princípios morais não buscavam aprovação, e sim a autoaprovação, por terem vivido de acordo com normas morais apropriadas, mesmo que seus atos não fossem reconhecidos. Ele próprio viveu assim: ao morrer, deixou suas substanciais economias para causas beneficentes.

COM A LIBERDADE VEM A RESPONSABILIDADE

Tal como Adam Smith, Friedrich von Hayek, um renomado economista do século XX e proponente do capitalismo de livre mercado, reconheceu que estabelecer e proteger a liberdade e a independência em tal sistema eram um grande desafio:

A liberdade e a responsabilidade são inseparáveis. Muitas pessoas temem a liberdade. Sem dúvida porque a oportunidade de construir a própria vida representa uma tarefa incessante, uma disciplina que o homem tem que impor a si mesmo se quiser alcançar seus objetivos. Atribuímos responsabilidade ao homem, não para dizer que ele poderia ter agido de outra maneira, mas para fazê-lo agir de forma diferente no futuro. Se prejudiquei alguém por negligência ou esquecimento, isso não me exime da responsabilidade. Deve deixar gravada em mim, com mais força do que antes, a necessidade de ter em mente essas consequências. Mais do que qualquer outra, provavelmente, a sociedade livre exige que as pessoas sejam norteadas em seus atos por um senso de responsabilidade que vai além dos deveres impostos pela lei.[4]

O efeito do sistema de livre mercado, como sabemos, é um nível elevado da renda média, porém com a manutenção de níveis inaceitáveis de pobreza. Por isso, Hayek considerava justificável cuidar dos pobres e disse:

Não há dúvida de que um mínimo de alimento, abrigo e roupas, em quantidade suficiente para preservar a saúde, bem como a capacidade de trabalhar e a educação, podem ser assegurados a todos, sem pôr em risco a liberdade numa sociedade que atingiu o nível de riqueza da nossa.[5]

O Dalai-Lama reconhece essa deficiência da maioria das economias de mercado e apoia uma abordagem compassiva, naquilo que chama de economia de livre mercado *responsável*.

Embora Adam Smith tenha se preocupado com as dimensões morais do sistema econômico, muitos de seus sucessores ignoraram esse aspecto. Considero perigoso o sistema econômico desprovido de uma dimensão moral. É por isso que quero acrescentar a dimensão da "responsabilidade" ao "livre mercado". Concordo com o conceito de liberdade defendido por Smith e Hayek, mas sinto que ele não nos leva suficientemente longe.

O comportamento responsável é necessário por causa das limitações do que é possível alcançar com leis e regulamentações. É impossível o governo fazer as pessoas se portarem com dignidade por meio da lei. O sistema só pode funcionar de forma eficiente quando os líderes empresariais e o governo têm a motivação correta e agem de acordo com ela. A cada ação, o indivíduo deve perguntar a si mesmo: "Estou agindo de forma responsável?" Talvez isso pareça muito banal para várias pessoas, mas qualquer um é capaz de apontar inúmeras condutas irresponsáveis praticadas pelas pessoas à sua volta e, ao mesmo tempo, não reconhecer as suas próprias. E, mesmo ao reconhecê-lo, refere-se a outros indivíduos que agem do mesmo modo. No entanto, no dia em que as pessoas agirem com responsabilidade, serão muito mais felizes, terão paz de espírito. Sentirão que fizeram o melhor que podiam e ficarão satisfeitas.

A CONQUISTA DE LIBERDADE E PROSPERIDADE PARA TODOS

A meta de garantir liberdade e prosperidade para todos é muito nobre. Ao longo deste livro incentivamos repetidamente os líderes empresariais e governamentais a tomarem a iniciativa de enfrentar a pobreza, promover a sustentabilidade do meio ambiente, proteger os direitos humanos e o acesso à justiça e fazer da diversidade uma força. O Dalai-Lama afirma que, se todos esses objetivos forem ativamente buscados, isso se traduzirá em maior paz e numa felicidade mais disseminada para a população de todo o mundo. Ele considerou as possibilidades e a promessa de todas essas áreas, uma a uma.

A REDUÇÃO DA POBREZA

Ao viajar pelo mundo, fiquei surpreso e desolado com a imensa prosperidade de algumas regiões e a pobreza abjeta de outras. O número de ricos no mundo vem aumentando; ao mesmo tempo, no entanto, os pobres continuam pobres e, em alguns casos, estão ficando ainda mais miseráveis. Isso é algo que considero completamente imoral e injusto.

Precisamos enfrentar o problema do abismo entre ricos e pobres, tanto em nível global quanto nacional. Essas desigualdades, em função das quais partes da comunidade humana vivem na abundância, enquanto outras do mesmo planeta ficam famintas ou até morrem de fome, são não apenas moralmente erradas, mas também, na prática, uma fonte de agitação.[6]

UMA ECONOMIA SUSTENTÁVEL

O conceito de interdependência está no cerne da sustentabilidade do meio ambiente, pois é uma lei fundamental da natureza. A miríade de formas de vida existentes é regida pela interdependência. Todos os fenômenos, desde o planeta que habitamos até os oceanos, as nuvens, as florestas e as flores que nos cercam, surgem na dependência de padrões sutis de energia, água e ar. Sem uma interação adequada, eles se degradam e se desfazem.

Precisamos reconhecer a importância dessa realidade da natureza, muito mais do que fizemos no passado. Nosso desconhecimento dela é diretamente responsável por muitos dos problemas que enfrentamos. Temos de restringir ao máximo nosso consumo de recursos naturais e caminhar com toda a rapidez que pudermos para o desenvolvimento sustentável. Permitir o crescimento descontrolado da população, tanto em países desenvolvidos quanto nos que estão em desenvolvimento, vai acelerar o esgotamento de nossos preciosos recursos. E a luta por esses recursos é uma grave ameaça à manutenção da paz. Devemos respeitar a matriz delicada da vida e permitir que ela se recomponha.[7]

A PROTEÇÃO DOS DIREITOS HUMANOS

Todos os seres humanos, independentemente de suas origens culturais ou históricas, sofrem ao serem intimidados, aprisionados ou torturados. Não basta as Nações Unidas haverem definido os direitos humanos: também é necessário que eles sejam implementados. Considero muito boa a formulação da ONU, mas os direitos dependem da ação responsável. É por isso que dou tanta ênfase a essa palavra na expressão "economia de livre mercado responsável".

Alguns governos asiáticos que hoje participam da economia de mercado alegaram que os padrões de direitos humanos utilizados pelo Ocidente não podem ser aplicados à Ásia e a outros países em desenvolvimento por causa das diferenças culturais e de desenvolvimento social e econômico. Não concordo com essa visão e estou convencido de que a maioria da população asiática também não, pois é da natureza intrínseca a todos os seres humanos ansiar por liberdade, igualdade e dignidade, e todos têm igual direito de alcançá-las. Não vejo contradição entre a necessidade de desenvolvimento econômico e a necessidade de respeitar os direitos humanos, uma vez que ambos estão vinculados à obrigação da ação responsável.

A tradição jamais poderá justificar as violações dos direitos humanos. Por isso, discriminar pessoas de raças diferentes, mulheres e setores mais fracos da sociedade pode ser tradicional em algumas regiões, mas, quando essas formas de comportamento são incompatíveis com os direitos humanos universalmente reconhecidos, elas devem mudar. Os princípios universais da igualdade de todos os seres humanos devem prevalecer.[8]

FORÇA NA DIVERSIDADE

A rica diversidade de culturas e religiões deve ajudar a fortalecer a vitalidade das comunidades, e não constituir uma fonte de conflito, como no caso de muitas partes do mundo. Por trás dessa diversidade encontram-se princípios fundamentais que nos vinculam a todos como membros da mesma família humana. Estou convencido de que todas as pessoas, independentemente de suas raças, religiões e gêneros, têm as mesmas aptidões potenciais inatas. Considero a diversidade algo muito poderoso e positivo.[9]

Como tibetanos, temos uma cultura singular, que é valorizada por nosso povo e contribui para o conjunto de ideias de outros povos. Uma de nossas características culturais ímpares é o conhecimento que desenvolvemos com base nos ensinamentos de Buda. Esses ensinamentos não se originaram no Tibete, mas na Índia. Isso mostra o valor do acesso às ideias novas provenientes de outros países. A apreciação sincera das ideias diferentes é muito positiva: enriquece a mente. Mahatma Gandhi fez uma encantadora afirmação a esse respeito:

Não quero que minha casa seja cercada de muros por todos os lados nem que minhas janelas sejam vedadas. Quero que as culturas de todas as terras soprem por minha casa com a máxima liberdade possível. Mas me recuso a me deixar arrebatar por qualquer uma delas.[10]

UMA CONVOCAÇÃO À RESPONSABILIDADE MUNDIAL

Minhas ideias sobre a responsabilidade mundial desenvolveram-se a partir de meus estudos como monge budista. A preocupação com o bem-estar alheio obriga a que nos aproximemos de todos os seres vivos. Em geral, nosso interesse pelo bem-estar dos outros limita-se a nossa família e amigos, ou àqueles que nos são úteis. Isso não basta. Devemos nos interessar pelo bem-estar de todos. Podemos praticar atos vigorosos para nos defendermos de inimigos agressivos, por exemplo, mas nunca devemos esquecer que eles também são seres humanos.[11]

A interdependência entre os países teve um aumento drástico devido à integração econômica, à facilidade das comunicações e ao transporte de baixo custo. Tornou-se muito antiquado pensar apenas em termos de nossa nação ou país e, ainda mais, de nossas aldeias. Os governos têm a responsabilidade não apenas de assegurar a felicidade futura de seu próprio povo, mas também de cooperar efetivamente com outras nações. Não creio que chegaremos a um mundo sem fronteiras num futuro próximo. Todavia, animei-me com a criação da União Europeia e com o modo como os países aprenderam a compartilhar alguns aspectos de sua soberania nacional. Espero que ocorram fenômenos semelhantes em outras regiões. A Organização das Nações Unidas tem fornecido uma orientação importante e praticado atos úteis em nível global. Todavia, sua capacidade de solucionar os problemas mundiais ainda é muito limitada. Sou favorável a um aumento dessa capacidade, mas também à busca de outras soluções.

A liberdade é preciosa. A liberdade que conduz à felicidade depende de ações responsáveis, praticadas pelas pessoas como indivíduos e como membros de organizações. A liderança que reconhece a responsabilidade universal é a verdadeira chave para a superação dos problemas mundiais.

EPÍLOGO

Se você se lembrar de apenas dois conceitos após ter lido este livro – a Visão e a Conduta Corretas – e guardá-los vividamente na lembrança, haverá uma melhora em sua tomada de decisões e em sua satisfação com a vida. Com a Visão Correta, você examinará suas intenções e se certificará de considerar as consequências de seus atos para você mesmo, sua organização e outras pessoas, e fará o máximo para evitar danos e aumentar o bem-estar alheio. Também se tornará capaz de reduzir os pensamentos e sentimentos negativos que levam a decisões equivocadas e à infelicidade, tanto sua quanto de terceiros.

Quando um indivíduo se torna líder, seu poder de influenciar e sua capacidade de fazer com que se produzam coisas têm um aumento muito substancial. Com esse impulso dado ao poder vem a maior responsabilidade de tomar as decisões corretas. Tomar decisões corretas num mundo interligado vem se tornando um desafio cada vez maior. Quando se é capaz de manter a mente serena, lúcida e concentrada, mesmo sob intensa pressão, fica-se mais apto a chegar às conclusões corretas e a considerar as consequências por muitas perspectivas – a curto e a longo prazos, para os funcionários, os clientes, os acionistas e a sociedade em geral.

A globalização é um fenômeno positivo desde que as empresas envolvidas ajam com responsabilidade e que seus dirigentes desenvolvam uma visão holística de seu papel social. E as organizações também dependem de que os governos ajam de forma responsável. As empresas devem trabalhar com os governos de maneira construtiva, a fim de atingir a meta de uma economia de livre mercado responsável e rejeitar os sistemas econômicos desprovidos de valores morais.

O projeto deste livro iniciou-se com uma discussão sobre a integração entre o capitalismo e o budismo. Ao final dele, ficou muito claro para mim que os investimentos são necessários para criar prosperidade. Os investimentos exigem capital. Atender à necessidade de capital, por conseguinte, é de extrema importância. O problema da palavra "capitalismo" é que ela me fazia pensar nos capitalistas que exploram os trabalhadores e com isso se tornam muito ricos, enquanto os trabalhadores continuam pobres. Esse problema não desapareceu por completo, particularmente nos países em desenvolvimento.

O capital é um meio, não um fim. O fim é a liberdade e a prosperidade para todos. A melhor maneira de alcançá-las é um sistema de livre mercado em que todos os participantes ajam com responsabilidade. No meu modo de pensar, a integração do capitalismo com o budismo ocorre quando a Visão e a Conduta Corretas tornam-se parte integrante do sistema econômico. Nesse contexto, considero que a palavra "responsável" representa a Visão e a Conduta Corretas, e por isso espero que as palavras "economia de livre mercado responsável" venham a substituir as palavras "sistema capitalista".

A desigualdade da riqueza pessoal é tão antiga quanto a sociedade civilizada. Agora que dispomos de conhecimentos científicos, tecnologia e compreensão dos mecanismos de geração de riqueza, um padrão de vida digno para todos ficou decididamente ao nosso alcance. Minha esperança é que as ideias apresentadas neste livro inspirem muitos líderes e organizações a trabalharem com paciência e com um esforço entusiasmado para que se atinja esse objetivo.

NOTAS

CAPÍTULO UM

1. A imagem da rede de Indra é usada aqui mediante licença da Creative Commons, obtida em <http://commons.wikimedia.org/wiki/Image:Indrasnet.jpg>.
2. Robert H. Rosen. *Just Enough Anxiety: The Hidden Driver of Business Success*. Portfolio, 2008, p. 15.
3. A companhia é a SHV Holdings NV, a maior empresa privada da Holanda, que opera nos ramos de energia, transportes, bens de consumo e fornecimento de investimento em fundos de participação em empresas de capital fechado.

CAPÍTULO DOIS

1. Jeroen Smit. *De Prooi Blinde trots breekt ABN AMRO*. Prometheus, 2008, p. 148.
2. Sua Santidade, o Dalai-Lama. *The Universe in a Single Atom: The Convergence of Science and Spirituality*. Morgan Road Books, 2005, p. 177 [*O universo em um átomo: o encontro da ciência com a espiritualidade*, Rio de Janeiro: Ediouro, 2006].

CAPÍTULO TRÊS

1. Sua Santidade, o Dalai-Lama. *Awakening the Mind and Lightening the Heart*. HarperCollins, 1995, p. 56.
2. Sua Santidade, o Dalai-Lama e Daniel Coleman. *Destructive Emotions and How to Overcome Them*. Bloomsbury, 2003.
3. Amanda Ripley. *The Unthinkable: Who Survives When Disaster Strikes – and Why*. Random House, 2008.
4. Howard Cutler. "The Mindful Monk – Dalai Lama Interview". *Psychology Today*, maio de 2001.
5. Sua Santidade, o Dalai-Lama. *Transforming the Mind*, Thorsons, 2000, p. 8 [*Transformando a mente: ensinamentos sobre como gerar a compaixão*. São Paulo: Martins Fontes, 2000].
6. Thubten Yeshe. *The Tantric Path of Purification*. Wisdom Publications, 1995, p. 38.
7. Piet Hut. "Life As a Laboratory", *in* Allan Wallace (org.). *Buddhism and Science: Breaking New Ground*, Columbia University Press, 2003.

8. Sua Santidade, o Dalai-Lama. *Cultivating a Daily Meditation*. Indraprastha Press, 1991, p. 110.

9. Sua Santidade, o Dalai-Lama. Palestra realizada no Kalmuck Mongolian Buddhist Center [Centro Budista Mongol Kalmuck], em Nova Jersey, <www.Circle-of-Light.com/Mantras>.

CAPÍTULO QUATRO

1. Chester I. Barnard. *Dilemmas of Leadership in the Democratic Process*. Princeton University Press, 1939.

2. Jim Collins. *Empresas feitas para vencer – por que algumas empresas brilham*. Rio de Janeiro: Campus, 2001.

3. Jack Welch e Suzy Welch. "State your business. Too many mission statements are loaded with fatheaded jargon. Play it Straight", The Welch Way. *BusinessWeek*, 3 de janeiro de 2008.

4. Os exemplos de Conduta Correta vieram da Vodafone.

5. Barnard. *Op. cit.*

6. O lama Thubten Zopa Rinpoche é diretor espiritual da Foundation for the Preservation of the Mahayana Tradition [Fundação para a Preservação da Tradição Maaiana].

CAPÍTULO CINCO

1. Venerável P. A. Payutto. *Buddhist Economics: A Middle Way for the Market Place*, no endereço <www.buddhistinformation.com/buddhist_economics.htm>.

2. Samyutta Nikaya, vol. I, p. 89ss.

3. Anguttara Nikaya, vol. I, p. 12.

4. Digha Nikaya, 26, Cakkavattisihanada Sutta e Kutadanta Sutta. Ver também Walpola Rahula, *What the Buddha Taught*. Atlantic Books, 2. ed. revista, 2000.

5. Arie de Geus. *A empresa viva: como as organizações podem aprender a prosperar e se perpetuar*. Prefácio de Peter M. Senge. Rio de Janeiro: Campus, 2. ed., 1999.

6. Arie de Geus. *The Living Company: Growth, Learning and Longevity in Business*. Nicholas Brealey Publishing, 1999, pp. 17-18 [*A empresa viva..., op. cit.*].

7. Declaração Universal dos Direitos Humanos, <www.un.org/Overview/rights.html>.

8. Abraham H. Maslow. *Motivation and Personality*. HarperCollins, 3. ed., 1987.

9. Dhammapadatthakatha, vol. III, p. 262.

10. Fred Hirsch. *The Social Limits to Growth*. Routledge & Kegan Paul, 1976.

11. Richard Layard. *Happiness: Lessons from a New Science*. Penguin, 2005; Andrew Oswald. "How much do external factors affect wellbeing? A way to use 'happiness economics' to decide". *The Psychologist*, 16, 2003, pp. 140-141; E. Diener e R. Biswas-Diener. *Rethinking Happiness: The Science of Psychological Wealth*. Blackwell, 2008; Martin Seligman. *Authentic Happiness*. Nicholas Brealey Publishing, 2003.

12. Bruno Frey e Alois Stutzer. *Happiness and Economics*. Princeton University Press, 2002.

13. Mark Honigsbaum. "On the happy trail". *The Observer*, 4 de abril de 2004.
14. Frey e Stutzer. *Op. cit.*

CAPÍTULO SEIS

1. Bruce Murphy. "In a generation, gap separating compensation of chiefs, others widens", <www.jsonline.com>, 9 de outubro de 2004.
2. AmEx: Geoff Colvin, "AmEx Gets CEO Pay Right", *Fortune*, 21 de janeiro de 2008.
3. *FTSE4Good Index Series Factsheet*, FTSE Group, 2007.
4. OCDE, *Annual Report on the OECD Guidelines for Multinational Enterprises 2007*. Organization for Economic Cooperation and Development [Organização para a Cooperação e Desenvolvimento Econômico], 2007, <www.oecd.org>.
5. *What Is the UN Global compact?*, <www.unglobalcompact.org/AboutTheGC/index.html>.
6. McKinsey & Company. *Shaping the New Rules of Competition*. Julho de 2007.
7. *2007 World's Most Ethical Companies*, <http://ethisphere.com/2007-worlds-most-ethical-companies>.
8. Comunicado à imprensa, Fluor Corporation, 21 de maio de 2007.
9. *2007 World's Most Ethical Companies*, <http://ethisphere.com/2007-worlds-most-ethical-companies>.
10. Marc Gunther. "Money and morals at GE". *Fortune*, 15 de novembro de 2004.
11. Tony Rice e Paula Owen. *Decommissioning the Brent Spar*. Routledge, 1999.
12. *Profits and Principles – Does There Have to Be a Choice?* Royal Dutch/Shell, 1999.
13. James Smith. "Putting what we learned from Brent Spar into practice". *Greenpeace Business*, abril de 2005.
14. Rice e Owen. *Op. cit.*

CAPÍTULO SETE

1. Adaptado de um discurso de Sua Santidade, o Dalai-Lama sobre "Humanidade e globalização", proferido na UNESCO, em 8 de dezembro de 1998.
2. UNDP, *Human Development Report*, United Nations Development Programme [Programa das Nações Unidas para o Desenvolvimento], 2004.
3. Samuel Palmisano. "Multinationals have been superseded". *Financial Times*, 11 de junho de 2005.
4. IBM's Global Procurement Policy Statement [Declaração sobre Políticas Globais de Suprimento da IBM], <www.ibm.com>.
5. "Tulsi Tanti: Windpower saved his first factory. Now he wants to harness it to help save the world". *Time*, 29 de outubro de 2007; Rebecca Bream e Fiona Harvey. "Suzlon plans to double wind turbine capacity". *Financial Times*, 29 de outubro de 2007; "Indian firm wins wind power fight", BBC News, <newsvote.bbc.co.uk>.
6. Malcolm Doney. *Cutting Carbon*. Department for International Development, 2007, ed. 39.

CAPÍTULO OITO

1. Entrevista com o Dr. Manmohan Singh no PBS [Serviço de Radiodifusão Pública], 2 de junho de 2001.

2. O originador dessa ideia foi Hernando de Soto, fundador e diretor do Instituto de Libertad y Democracia [Instituto de Liberdade e Democracia], no Peru. Hernando de Soto. *The Other Path: Invisible Revolution in the Third World.* Basic Books, 1980; *The Mistery of Capital.* Basic Books, 2001.

3. *World Development Report 2005.* Banco Mundial, p. 246.

4. *Doing Business in 2004.* Banco Mundial, tabelas dos países.

5. "What is microcredit", Muhammad Yunus, setembro de 2007, <www.grameen-info.org/bank/whatismicrocredit.htm>.

6. Idem.

7. As informações sobre o BRAC foram retiradas de <www.brac.net/history.htm>.

8. "International Committee of Religious Leaders for Voluntary Family Planning calls on President Bush to release $34 million for UNFPA". *Progressive Newswire,* 30 de abril de 2002.

9. Discurso proferido por Sua Santidade, o Dalai-Lama em 28 de setembro de 1996. Ver <www.dalailama.com>.

10. As cifras e projeções vieram do Population Reference Bureau [Estados Unidos].

11. Declaração do objetivo empresarial da Unilever, <www.unilever.com>.

12. "Helping Women, Creating Entrepreneurs", <www.unilever.com>.

13. *Financial Times,* 7 de dezembro de 2005.

14. As informações sobre esse estudo foram extraídas de "Indonesia: Exploring the links between wealth creation and poverty reduction", <www.unilever.com>, e Jason Clay, "Exploring the links between international business and poverty reduction: A case study of Unilever in Indonesia", Oxfam GB/Norib Oxfam Netherlands/Unilever, 2005, <www.oxfam.org.uk>.

15. Comentários feitos sobre a Birmânia (Mianmar) por Sua Santidade, o Dalai-Lama, numa visita à Tailândia em 18 de fevereiro de 1993.

16. Excerto do discurso de Sua Santidade, o Dalai-Lama ao receber seu prêmio na Cerimônia de Entrega da Medalha de Ouro do Congresso dos Estados Unidos, 18 de outubro de 2007, <www.dalailama.com/news.171.htm>.

CAPÍTULO NOVE

1. *China and the Four Modernizations.* The Library of Congress Country Studies [Estudos de Países da Biblioteca do Congresso dos Estados Unidos], <www.country-studies.com>.

2. Adam Smith. *An Inquiry into the Nature and Causes of the Wealth of Nations.* Edimburgo, 1776 [Adam Smith. *A riqueza das nações.* São Paulo: Martins Fontes, 2003].

3. Idem, Livro 4, capítulo 2.

4. Friedrich F. Hayek. *The Constitution of Liberty.* University of Chicago Press,

1960, p. 74 [*Os fundamentos da liberdade*. Trad. Anna M. Capovilla e José I. Stelle, supervisão e introdução de Henry Maksoud. Brasília: Ed. Universidade de Brasília; São Paulo: Visão, 1983, série Pensamento Político, nº 56].

5. Friedrich F. Hayek. *The Road to Selfdom*. University of Chicago Press, 1944, p. 124 [*O caminho da servidão*. Trad. baseada na versão original de Leonel Vallandro, trad. e rev. Anna M. Capovilla, José I. Stelle e Liane M. Ribeiro. Rio de Janeiro: Instituto Liberal: Expressão e Cultura, 4. ed., 1987].

6. Adaptado de um discurso proferido por Sua Santidade, o Dalai-Lama. Ver em <www.dalailama.com/page.45.htm>.

7. Adaptado de um discurso proferido por Sua Santidade, o Dalai-Lama. Ver em <www.dalailama.com/page.86.html>.

8. Adaptado de um discurso proferido por Sua Santidade, o Dalai-Lama. Ver em <www.cosmicharmony.com/Tibet/DalaiLama/DalaiLama.htm>.

9. Idem.

10. Mohandas K. Gandhi [Mahatma Gandhi]. *All Men Are Brothers: Autobiographical Reflections*. Org. Krishna Kripalani, Continuum International, 1980, p. 142 [*Somos todos irmãos: reflexões autobiográficas*. Trad. Euclides L. Calloni. São Paulo: Paulus, 1999, Série Educadores da Humanidade].

11. Adaptado de um discurso proferido por Sua Santidade, o Dalai-Lama na Índia. Ver em <www.spiritsound.com/bhiksu.html>.

SOBRE OS AUTORES

SUA SANTIDADE, O DALAI-LAMA, TENZIN GYATSO é um dos mais conhecidos líderes do mundo. Ele está à frente de seu povo como chefe do governo tibetano no exílio e líder espiritual do Tibete há mais de 50 anos. Em reconhecimento a seu trabalho pela paz mundial e a sua preocupação com as questões ambientais, ganhou o Prêmio Nobel da Paz em 1989. Mais recentemente, em 2007, recebeu a Medalha de Ouro do Congresso Americano, a maior honra civil nos Estados Unidos, por advogar em favor dos direitos humanos.

LAURENS VAN DEN MUYZENBERG é um consultor administrativo de atuação internacional. Já trabalhou em diversos países, como Reino Unido, Alemanha, França, Itália, Holanda, Suécia, Dinamarca, Estados Unidos, Chile, Barein, Índia e Japão. Ele fala sete línguas. Sua proposta é, antes de tudo, ajudar executivos a aprimorar a governança empresarial e a atingir um alto desempenho gerencial.

CONHEÇA OUTROS LIVROS DE SUA SANTIDADE, O DALAI-LAMA

UMA ÉTICA PARA O NOVO MILÊNIO

"Quanto mais coisas vejo no mundo, mais claro fica para mim que, sejamos ricos ou pobres, instruídos ou não, todos desejamos ser felizes e evitar os sofrimentos.

Constato que, de modo geral, as pessoas cuja conduta é eticamente positiva são mais felizes e satisfeitas do que aquelas que se descuidam da ética. Tentarei mostrar nesse livro o que quero dizer com a expressão 'conduta ética positiva'.

Uma revolução se faz necessária, mas não uma revolução política, ou econômica, ou até mesmo tecnológica. O que proponho é uma revolução espiritual."

Sua Santidade, o Dalai-Lama

O CAMINHO DA TRANQUILIDADE

"Todos nós, seres humanos, queremos ser felizes e evitar os sofrimentos. De acordo com minha limitada experiência, se quisermos conseguir isso, é de grande valia a capacidade de cultivar e manter um estado de espírito positivo. Segundo a tradição budista a que pertenço, um dos meios mais eficazes de fazê-lo é praticando a meditação. Embora a meditação possa algumas vezes significar sentar-se em uma determinada posição especial e silenciar a mente, pode também envolver a familiarização constante com pensamentos positivos. É por isso que temos o hábito de ler e recitar os textos dos livros sagrados e das orações.

Esse livro inclui citações cotidianas selecionadas de meus próprios escritos e de trabalhos de minha autoria já publicados. Com toda a humildade, rezo para que os leitores possam encontrar nestas palavras alguma inspiração para desenvolver aquela generosa paz de espírito que é a chave da felicidade duradoura."

Sua Santidade, o Dalai-Lama

PALAVRAS DE SABEDORIA

Esse pequeno livro contém ensinamentos essenciais sobre o budismo, e foi escrito pelo Dalai-Lama, um dos maiores líderes espirituais de nosso tempo.

Estas lições associam a sabedoria antiga à compreensão dos problemas da vida moderna e nos estimulam a refletir sobre a importância do amor, da compaixão e da necessidade da responsabilidade individual.

"Sabendo ouvir sua mente você se voltará para a fé e para a devoção. Você poderá cultivar a alegria em seu íntimo e conseguirá manter o equilíbrio de sua mente."

Sua Santidade, o Dalai-Lama

365 MENSAGENS DE SABEDORIA E COMPAIXÃO

Um dos mais importantes líderes espirituais do nosso tempo, o Dalai-Lama oferece nesse livro uma fonte de inspiração original e muitas vezes surpreendente sobre como trilhar um caminho de crescimento espiritual.

Organizado em 365 pensamentos, um para cada dia do ano, esse livro vai abrir seu coração para as coisas que verdadeiramente importam e trazer uma nova luz sobre os sentimentos de raiva, dor, orgulho, desejo, paixão.

Ao ler uma citação, você se sentirá preparado para encarar o mundo de forma mais humana. As belas lições desse livro nos estimulam a refletir sobre questões fundamentais – da responsabilidade à compaixão, da paz ao amor, da ética à solidariedade – e ajudam a nos mantermos centrados e confiantes em nossa capacidade de promover o bem para o mundo.

CONHEÇA OUTROS TÍTULOS DA EDITORA SEXTANTE

O MONGE E O EXECUTIVO

James C. Hunter

Com uma narrativa envolvente, *O monge e o executivo* conta a história de John Daily, um homem de negócios bem-sucedido que percebe que está fracassando como chefe, marido e pai.

Numa tentativa desesperada de retomar o controle da situação, ele decide participar de um retiro sobre liderança num mosteiro beneditino, comandado pelo frade Leonard Hoffman, um influente empresário americano que abandonou tudo em busca de um novo sentido para a sua vida.

O monge defende que a base da liderança não é o poder, e sim a autoridade, conquistada com amor, dedicação e sacrifício. E diz ainda que respeito, responsabilidade e cuidado com as pessoas são virtudes indispensáveis a um grande líder. Ou seja, para liderar é preciso estar disposto a servir.

Através da história desses personagens fascinantes, James C. Hunter apresenta conceitos fundamentais para melhorar nossa capacidade de liderança e de convívio com os outros, ajudando assim a nos tornarmos pessoas melhores e abrindo caminho para o sucesso duradouro.

COMO SE TORNAR UM LÍDER SERVIDOR

James C. Hunter

Esse livro tem dois objetivos: o primeiro é compilar de maneira simples, concisa e clara os princípios da liderança servidora apresentados em *O monge e o executivo*. O segundo é proporcionar um guia que facilite a aplicação desses princípios em sua vida e no trabalho.

O autor acredita que liderar não é ser "chefe". Liderar é servir. Embora "servir" tenha uma conotação de fraqueza para alguns, a liderança servidora pode ter um impacto positivo em nosso desempenho como pais, treinadores, cônjuges, professores, pastores ou gerentes – afinal, todos querem se tornar os líderes que as pessoas merecem e de que precisam.

Falando sobre sua própria experiência e citando clientes e personalidades tão diferentes quanto Jesus, Gandhi e Jack Welch, James Hunter sustenta que "liderar é inspirar e influenciar pessoas a fazerem a coisa certa, de preferência entusiasticamente e visando o bem comum".

Esse livro mostra que o *desenvolvimento de liderança* e a *construção do caráter* têm os mesmos fundamentos – ambos exigem mudança. Os princípios da liderança servidora podem ser aprendidos e aplicados por quem tem a vontade e a intenção de mudar, crescer e melhorar.

O LIVRO VERDE

Elizabeth Rogers e Thomas M. Kostigen

Todos os nossos atos têm consequências, mas nem sempre sabemos exatamente quais elas serão. Em *O livro verde* você encontrará dicas para reciclar, reutilizar, reduzir o consumo, economizar dinheiro e, o mais importante, descobrirá o porquê de cada uma dessas práticas ser tão importante para salvar o planeta.

Elizabeth Rogers e Thomas M. Kostigen pesquisaram e reuniram nesse livro hábitos que nos permitem utilizar de forma mais proveitosa e saudável os recursos ao nosso dispor. Em casa, no trabalho, em viagens, na prática de esportes e em áreas que vão do entretenimento à construção civil, passando pela tecnologia e a cosmética, é possível ser ambientalmente amigável sem, para isso, deixar de lado as facilidades da vida moderna.

E se, mais do que manter, você está disposto a compensar o meio ambiente, aqui você também encontrará informação sobre como neutralizar o carbono gasto no seu dia a dia e "colocar a etiqueta verde" em sua passagem pela Terra.

Com apresentação de Cameron Diaz e William McDonough, *O livro verde* traz ainda, ao final de cada capítulo, o depoimento de personalidades como Robert Redford, Jennifer Aniston, Will Farrell, Faith Hill, Owen Wilson e Justin Timberlake.

Manter a vida no planeta está ao alcance de todos. Fazer isso é escolha de cada um.

CONHEÇA OS 50 CLÁSSICOS DA EDITORA SEXTANTE

ESPIRITUALIDADE/INSPIRAÇÃO

A cabana, de William P. Young
Muitas vidas, muitos mestres, de Brian Weiss
Jesus, o maior psicólogo que já existiu, de Mark W. Baker
Conversando com os espíritos, de James Van Praagh
A última grande lição, de Mitch Albom
O Mestre dos Mestres, de Augusto Cury
O Poder do Agora, de Eckhart Tolle

NEGÓCIOS

O monge e o executivo, de James C. Hunter
Como se tornar um líder servidor, de James C. Hunter
Jesus, o maior líder que já existiu, de Laurie Beth Jones
O ócio criativo, de Domenico De Masi
Faça o que tem de ser feito, de Bob Nelson
A hora da verdade, de Jan Carlzon
Transformando suor em ouro, de Bernardinho

FICÇÃO

O Código Da Vinci, de Dan Brown
Ponto de Impacto, de Dan Brown
Anjos e Demônios, de Dan Brown
Fortaleza Digital, de Dan Brown
As cinco pessoas que você encontra no céu, de Mitch Albom
O guardião de memórias, de Kim Edwards
A conspiração franciscana, de John Sack

LIVROS DE BOLSO

Dez leis para ser feliz, de Augusto Cury
Seja líder de si mesmo, de Augusto Cury
Você é insubstituível, de Augusto Cury
Palavras de sabedoria, de Sua Santidade, o Dalai-Lama
A vida é bela, de Dominique Glocheux

Filtro solar, de Mary Schmich
Posso conseguir o que desejo, de Iyanla Vanzant
Quem acredita sempre alcança, de Peter McWilliams

AUTOAJUDA
Por que os homens fazem sexo e as mulheres fazem amor?, de Allan e Barbara Pease
Desvendando os segredos da linguagem corporal, de Allan e Barbara Pease
Por que os homens mentem e as mulheres choram?, de Allan e Barbara Pease
Nunca desista de seus sonhos, de Augusto Cury
Pais brilhantes, professores fascinantes, de Augusto Cury
Não leve a vida tão a sério, de Hugh Prather
Mantenha o seu cérebro vivo, de Laurence Katz e Manning Rubin
A Boa Sorte, de Álex Rovira Celma e Fernando Trías de Bes
Enquanto o amor não vem, de Iyanla Vanzant
O poder da paciência, de M. J. Ryan
Os segredos da mente milionária, de Harv T. Ecker

COLEÇÃO *VOCÊ S.A.*
Aprendendo a lidar com pessoas difíceis, de Rick Brinkman e Rick Kirschner
Como administrar seu tempo, de Marc Mancini
Como motivar sua equipe, de Anne Bruce

COLEÇÃO *AUTOESTIMA*
O poder das afirmações positivas, de Louise Hay
Histórias para aquecer o coração, de Jack Canfield e Mark Victor Hansen
Lições sobre amar e viver, de Morrie Schwartz

REFERÊNCIA
1001 filmes para ver antes de morrer, de Steven Jay Schneider
1001 discos para ouvir antes de morrer, de Robert Dimery
1001 vinhos para beber antes de morrer, de Neil Beckett
1.000 lugares para conhecer antes de morrer, de Patricia Schultz

INFORMAÇÕES SOBRE
OS PRÓXIMOS LANÇAMENTOS

Para receber informações sobre os lançamentos da EDITORA SEXTANTE, basta cadastrar-se diretamente no site www.sextante.com.br

Para saber mais sobre nossos títulos e autores, e enviar seus comentários sobre este livro, visite o nosso site www.sextante.com.br ou mande um e-mail para atendimento@esextante.com.br

EDITORA SEXTANTE
Rua Voluntários da Pátria, 45 / 1.404 – Botafogo
Rio de Janeiro – RJ – 22270-000 – Brasil
Telefone (21) 2286-9944 – Fax (21) 2286-9244
E-mail: atendimento@esextante.com.br